Hansjörg Martin, 1920 in Leipzig geboren, wollte ursprünglich Maler, Graphiker, Illustrator werden. Nach dem Studium war er höchst unfreiwillig Frontsoldat und danach – auf der Suche nach dem Broterwerb – hinter- und teils auch nebeneinander – Dekorateur, Clown, Lehrer, Redakteur, Dramaturg, bis er, von einem ersten Romanerfolg ermutigt, »freier« Schriftsteller wurde.
In den vergangenen 30 Jahren hat Martin mehr als 90 Bücher – Kinder- und Jugendbücher, Romane, Erzählungen, Kriminalromane und Reportagen – veröffentlicht. Daneben sind Hörspiele, Drehbücher zu Kino- und Fernsehfilmen und zahllose Zeitungs- und Zeitschriftenartikel erschienen. Einige seiner Bücher sind in 16 Sprachen übersetzt und verfilmt worden. Richard von Weizsäcker verlieh ihm das Bundesverdienstkreuz.

Dieses Buch wurde auf chlor- und säurefreiem Papier gedruckt.

Originalausgabe November 1994

Umschlaggestaltung Adolf Bachmann, Reischach
Umschlagabbildung Jane Human
Satz MPM, Wasserburg
Reproduktion Reproteam, Ulm
Druck und Bindung Ebner Ulm
Printed in Germany
ISBN 3-426-60326-8

4 5 3

HANSJÖRG MARTIN

Zwölf Monate Mallorca

Impressionen von der Baleareninsel

Mit Zeichnungen von Dietrich Lange

Knaur

Der ist nicht fremd,
der teilzunehmen weiß.

GOETHE

Du mußt im fremden Land
die Augen offenhaben.
Sonst stolperst du und fällst
in jeden Straßengraben.

RÜCKERT

MALLOR
RCA
mallorca

VORSPIEL

Es war keine Liebe auf den ersten Blick.
Vor zwanzig Jahren flog ich zum erstenmal nach Mallorca und hatte alle Vorurteile parat, die es gab (und teilweise immer noch gibt): Spießerinsel, Putzfrauenparadies, Germanengrill ... und so weiter.
Ich flog im Auftrag einer Hamburger Illustrierten, um Material für einen Kriminalroman zu sammeln, der in einer der Betonburgen spielen sollte, in denen Rentner überwintern.
Was ich da in vierzehn Tagen sah, fand und erlebte, war so faszinierend, daß ich daraus mühelos eine Geschichte basteln konnte.
Liebesdramen spielten sich ab. Ich war überrascht-amüsiert-erschrockener Zeuge einer Eifersuchtsszene zwischen zwei Herren um die Achtzig,

die derselben Siebzigjährigen den Hof machten. Es gab Intrigen, Spiele, die in Wettkämpfe ausarteten, Hochstapeleien ... Gelächter, Tränen – kurzum, es fand alles real statt, was man sich sonst ausdenken muß. Die ganze Skala menschlichen Verhaltens breitete sich in den zwei Wochen vor mir aus, die ich in jenem Februar im Hotel auf Mallorca verbrachte. Vom Charme der Insel jedoch, vom Reiz der Landschaft und vom Charakter seiner Bewohner bekam ich nichts, absolut gar nichts zu spüren.

Es ging mir so, wie es Touristen überall ergeht, die weder Zeit noch Lust, noch Gelegenheit haben, die Nase über ihre Hotelterrasse, ihren Swimmingpool, ihr Restaurant – möglichst deutsche Küche – hinaus in den Wind zu halten.

Ich fuhr also wieder nach Hause, zwar sehr zufrieden mit meinem Romanmaterial, aber völlig unbeeindruckt von Mallorca.

Kein Gedanke daran, daß aus der flüchtigen Zufallsbekanntschaft mal ein Liebesverhältnis werden würde, ein Verhältnis, das mein Leben einschneidend ändern sollte.

Angefangen hat das fünf Jahre später mit dem Satz: »... und dafür möchte ich euch zu einer hübschen Reise einladen, mein Junge!«

Der Satz wurde von meiner lieben, molligen, alten Tante gesprochen, weil ich ihr geholfen hatte, aus der damaligen DDR in den Westen zu kommen,

eine Wohnung zu finden und ihre Witwenpension durchzupauken.
Der Satz wurde sächsisch gesprochen. »... dafier ...«, sagte sie, und »... hibbsche Reise ...« und »... mei liewer Junge! ...«
Also flogen wir zu viert: die Tante, meine Mutter, beide Anfang Achtzig, meine Frau und ich, nach Mallorca.
Wir waren die ersten Gäste der Saison in dem Mittelklassehotel an der malerischen Bucht im Südosten, das uns von einem reiseerfahrenen Freund empfohlen worden war.
Es war Mai, noch kühl – vor allem nach Sonnenuntergang. Die Wolldecken in den harten Betten rochen nach Mottenkugeln und konnten vor allem unsere zwei alten Damen nicht genug wärmen. Heizkissen gab es nicht. Mein Versuch, eins oder lieber zwei im nächsten Dorf zu kaufen, schlug fehl – nicht nur, weil meine holperigen Wörterbuch-Erklärungen auf lächelndes Unverständnis stießen, sondern weil die Inhaber der drei Läden Heizkissen einfach nicht kannten.
Erst am Ende der ersten Woche wurde ich im benachbarten Touristenort Cala D'Or fündig. Aber dann paßten die Stecker nicht in die Steckdosen ... und als das endlich auch geregelt war, ging das eine Kissen kaputt, und das zweite wurde nur lauwarm.
Mit dem Essen kamen wir nach anfänglichen

Schwierigkeiten, vor allem bei der Verständigung, auch zurecht, sonst waren wir aber rundum guter Dinge.

Der Sandstrand war noch menschenleer. Die Sonne schien. Das Mittelmeer glänzte.

Wir machten Spaziergänge im Pinienwald und waren schon deshalb zufrieden, weil die Tante so glücklich war.

Ein paarmal leisteten wir uns ein Taxi zu kleinen Rund- und Einkaufsfahrten.

Dabei lernten wir Pablo, den Autovermieter und Chauffeur, kennen, von dem noch die Rede sein wird, und wir veranstalteten Tagesausflüge mit einem klapprigen Leihwagen.

Auf jedem dieser Ausflüge zeigte sich die Insel von einer neuen Seite. Ich begann, sie schön zu finden, vor allem dort, wo sie ursprünglich geblieben und nicht für Fremde geschminkt und kostümiert war.

Schon bei diesen allerersten Stippvisiten war ich vor allem von der Vielgestaltigkeit Mallorcas überrascht.

Auf der dreieinhalbtausend Quadratkilometer großen Insel sind nahezu alle deutschen Landschaften zu finden. Da gibt es im Südosten, kurz hinter dem Ort Ses Salines – wo wirklich über Salinen Salz gewonnen wird –, den langen, breiten weißen Sandstrand Es Trenc. Das ist Ostsee pur, und zwar schönste Ostseekante – nur ohne Hotels und Campingplätze.

Da gibt es Schlängelstraßen bei Santanyí und über Randa nach Santa Maria, die streckenweise an den Harz, an den Thüringer Wald, an den Taunus erinnern – nur, daß hier Pinien statt Tannen stehen.
Da gibt es – auf dem Wege nach Artà zum Beispiel – weite Tiefebenen, Bauernland, das im nördlichen Niedersachsen liegen könnte. Und da gibt es Allgäu zwischen Palma und Valdemosa und Hochgebirge mit Felsen und schroffen Schluchten, die ganze Nordküste entlang.
Das war schon faszinierend zu entdecken. Selbst die Touristenzentren haben eine deutsche Parallele. Arenal etwa ist mit Damp 2000 vergleichbar – wenn wir das Klima ausschalten, das in der norddeutschen Bettenburg den Beton noch grauer macht als unter der Mittelmeersonne.
Der Anstoß für meine – unsere – spätere und lebensverändernde Liebe aber war folgender Zufall:
Am neunten oder zehnten Tag machten wir, meine Frau und ich, uns selbständig und kletterten an der Felsenküste entlang, um die weitere Umgebung zu erkunden.
Dabei gelangten wir, nach Umgehung einer einsamen kleinen Bucht mit türkisfarbenem Wasser, auf eine Straße – nein, auf einen Schotterweg, von Regenrinnen zernarbt, an dem zu unserer Überraschung unter dichten Pinien sechs weiße Bungalows im Ibizenco-Stil lagen.
»Ibizenco« ist die Bezeichnung für die kubische

Bauweise, die eigentlich aus Afrika stammt. Die Häuser sind schneeweiß und haben Flachdächer. Die Mallorquiner bauen ihre Häuser mit ziegelgedeckten schrägen Dächern und verputzen sie fast immer in erdfarbenem Braun. Ibizenco-Häuser sind also in der Mehrzahl von Ausländern gebaut, und sie stehen vor allem dort, wo der Einheimische nur sehr selten baut und lebt: am Meer.

Die sechs Bungalows, die wir entdeckten, waren verschlossen. Vor ihren Fenstern waren hölzerne Persianas, wie die Fensterläden hier heißen. Die Gärten an ihrer Nordseite sahen zwar gepflegt, aber winterlich aus, soweit hier irgendwas winterlich aussehen kann, bei dem vielen Immergrün. Außer ein paar Hibiskusbüschen blühte nichts. Doch zwischen den weißen Wänden glänzte das Meer.

»Phantastische Häuser!« sagte meine Frau bewundernd. »Da möchte ich wohl mal reingucken!«

Und in diesem Augenblick kam, wie aufs Stichwort, eine Kasten-Ente um die Ecke, ein Deux-Chevaux mit Laderaum, dreckig, verbeult, schwankend kam er angefahren und hielt zehn Schritte von uns an einem der Gartentore.

Ein alter Mann stieg aus. Er trug einen zerknautschten Strohhut und Drillichzeug, kramte aus dem Auto Gartengeräte, nickte uns zu und wollte sich an die Arbeit machen.

Meine Frau lief zu ihm und sprach ihn an: »*Por favor, Señor*«, sagte sie – womit ihr spanischer

Wortschatz auch schon halb erschöpft war – und versuchte ihm nun mit Zeichen und Gesten klarzumachen, daß wir ach so gerne mal in das schöne Haus hineinschauen möchten.
Zu meinem Erstaunen verstand der Alte schnell, angelte aus der Hosentasche einen Schlüssel und winkte uns, ihm zu folgen.
»Du bist unglaublich!« sagte ich, halb bewundernd, halb peinlich berührt zu meiner Frau.
»Aber erfolgreich!« gab sie zurück und lachte.
Der Alte öffnete die schwere Haustür aus schön gemasertem Holz und ging voraus ins Halbdunkel. Wir folgten ihm. Es roch ein bißchen modrig, wie es in länger nicht gelüfteten Räumen leicht riecht.
Er bedeutete uns zu warten und ging in einen großen Raum, in dem seine Schritte auf dem Steinfußboden klackten. Er hantierte an den Türfenstern und stieß dann die Persianas, die davor waren, auf.
Wir riefen beide gleichzeitig: »Oh!« – denn die plötzliche Helligkeit: doppeltes Licht und Sonnenspiegelung auf dem Meer füllte den ganzen Raum wie Feuer.
Es war ein unwahrscheinlich schöner Raum: rotbraune Fliesen, weiße Wände, kobaltblaue Vorhänge, schlichte Möbel – und über dem Kamin eine lange Reihe mehr oder minder zerlesener Taschenbücher, die sich beim näheren Betrachten in der Mehrzahl als Krimis erwiesen. Krimis in Englisch

und Französisch und meist von Autoren, die ich selber sehr schätze: Georges Simenon, Raymond Chandler, Patricia Highsmith, und noch andere aus der Kategorie guter Kriminalromane.
Es würde hier zu weit führen, das hinreißende Haus im einzelnen zu beschreiben, das uns der alte Gärtner, stolz, als sei es sein eigenes, zeigte. Wir waren entzückt und versuchten von dem Mallorquiner zu erfahren, ob das Haus wohl vermietet würde. Wir versuchten es ohne Erfolg. Entweder wußte er es nicht oder verstand nicht, was wir wollten.
Da nahm ich einen leeren Zettel, der vor den Taschenbüchern über dem Kamin lag, und schrieb mit Hilfe meiner zwölf Worte Französisch die Frage nach einer Mietmöglichkeit auf und meine deutliche Adresse dazu, denn daß der Besitzer dieses wunderbaren Hauses ein Franzose war, hatte uns der Alte inzwischen klargemacht.
Den Zettel legte ich unter einen Aschenbecher mitten auf den Tisch. Wir bedankten uns, gaben dem Gärtner ein Trinkgeld und verließen das Traumhaus.
Der wehmütige Gedanke, so was niemals bewohnen zu können, geschweige denn zu besitzen, begleitete uns noch ein paar Tage.
Ich hatte das Intermezzo längst vergessen, als sieben Monate später ein Brief mit fremder Handschrift und französischen Briefmarken kam.
Auf den Absender konnte ich mir keinen Reim

machen. Erst als ich die großräumige Krakelschrift mühsam aus dem Französischen entziffert und übersetzt hatte, wurde klar: Der Schreiber war der Besitzer des schönen Hauses am Mittelmeer – und er teilte mit, daß er zwar grundsätzlich nicht vermiete, aber mein Zettel habe ihn amüsiert und, ja, wir könnten kommen.

Der Preis, den er nannte, war erstaunlich niedrig. Die Bedingungen waren durchaus akzeptabel, nur mit dem Termin, zu dem das Haus frei war, konnten wir – anderer Verpflichtungen wegen – nicht klarkommen.

Deshalb schrieb ich zurück: »Ja, gerne und vielen Dank, aber es geht im Mai leider nicht ... Wie sieht es denn im Spätsommer aus? Und anbei – weil ich über Ihrem Kamin gesehen habe, daß Sie solche Lektüre mögen – anbei die französische Ausgabe eines Krimis von mir ... Mit besten Grüßen!«

Postwendend, ja wirklich postwendend innerhalb weniger Tage, kam die Antwort: »Schönen Dank für Brief und Buch! Ja, wenn Sie ein Autor des *Romans Policiers* sind, dann dürfen Sie erst recht kommen – auch im September und sowieso und herzlichen Gruß!«

Wir fuhren im September, wieder mit unseren beiden alten Damen, und wurden von Maria, der *Criada* – der Hausbesorgerin –, empfangen. Maria war eine untersetzte, dunkeläugige Mallorquinerin aus dem Städtchen Felanitx, sie gehörte sozusagen

zum Inventar, und der französische Besitzer des Traumhauses hatte zur Bedingung gemacht, daß wir Maria mindestens zwei bis drei Stunden täglich beschäftigten.
Sie sprach kein Wort Deutsch. Wir sprachen siebeneinhalb Worte Spanisch und hatten keine Ahnung, worin Marias Aufgabe bestand, was sie in den zwei, drei Stunden pro Tag machen sollte, denn das pflegeleichte schöne Haus konnte in einer Stunde gereinigt sein.
Erst als wir ihr verdutztes Gesicht sahen, das sie machte, als wir in der Küche nach Geschirr und Töpfen suchten, um uns was zu essen zu kochen, erst da dämmerte uns, daß Maria nicht nur zum Putzen und Bettenmachen, sondern daß sie auch für Einkauf und Kochen da war.
Wir überließen ihr das – zunächst skeptisch, aber von Mahlzeit zu Mahlzeit begeisterter – mit Vergnügen und lernten Gerichte kennen, die wir ohne Maria nie vorgesetzt bekommen hätten. Denn wer weiß schon, daß zum Beispiel *Conejos con cebolla* Kaninchen in Zwiebeln sind und wunderbar schmecken. Daneben lernten wir von Maria unsere ersten Brocken und Sätze Spanisch.
Ich höre noch heute, wie sie in der gefliesten und deshalb besonders schön hallenden Küche mit ihrer Trompetenstimme meiner Frau beibrachte, was Butter, Eier, Käse, Suppe und Soße heißt, was der Unterschied zwischen *Café con leche* – Milch-

kaffee – und *Café cortado* – eine Espresso-Spielart – ist und so weiter und so weiter.

Wir fanden das alles phantastisch und fuhren im nächsten Mai und wieder im Herbst hin und lernten die Franzosen kennen und freundeten uns so mit ihnen an, daß sie uns im dritten Jahr einluden, sie auf der Fahrt von Deutschland nach Spanien zu besuchen, da wir ja, wenn wir wieder mit dem Auto führen, nahe an ihrem Heimatort vorbeikämen.

Wir nahmen die herzliche Einladung gern an. Als wir jedoch von der Autobahn abbogen, um die Freunde im Languedoc zu suchen, kamen uns Bedenken.

Jacques, der Hausherr, ein Einsfünfundneunzig-Mann, hatte nämlich berichtet, daß er ein Bauer sei. Und er hatte seine großen, schwieligen Hände mit der Bemerkung gezeigt, ja, das käme vom Traktorfahren.

Wir erwarteten also einen Bauernhof, und meine Frau meinte, als wir das Dorf erreichten, ob es nicht besser sei, im Gasthof – falls es einen gäbe – ein Zimmer zu mieten. Denn wir wollten ja keinesfalls die Freunde irgendwie in Verlegenheit bringen ... und sie habe auch ein bißchen Angst, oder besser Scheu, vor einer Übernachtung in Bauernbetten.

Es gab in dem Dorf keinen Gasthof mit Fremdenzimmern. Es gab zunächst auch niemanden, der uns hätte zeigen können, wo der Hof unserer Freunde lag, bis uns eine alte Frau nach schwieri-

gem Radebrechen einen großen, bewaldeten Hügel zeigte, auf den eine schmale Straße führte: Ja, dort, dort oben sei der Hof, den wir suchten. Wir fuhren hügelan, kamen nach wenigen Minuten hinter einer Rechtskurve auf eine Platanenallee und sahen an ihrem Ende ein offenes schmiedeeisernes Tor, in dem Jacques mit seinem Hund stand und winkte. Er wartete auf uns, denn wir hatten von der letzten Autobahnraststätte aus per Telefon unser Kommen angekündigt.
Große, herzliche Begrüßung – und zwinkerndes Staunen auf unserer Seite, denn hinter dem Tor lag ein Park, und in dem Park stand ein Schloß, ein richtiges Rokokoschlößchen mit Freitreppe, Kandelabern, Türmchen und allem, was dazugehört. Nur Diener mit Allongeperücken oder wenigstens Zöpfen und Kniehosen fehlten. Statt dessen kam Paulette, Jacques' reizende Frau, umarmte uns und erklärte in ihrem französisch-englisch-deutschen Sprachpotpourri, daß es gleich Abendessen gebe, in zwanzig Minuten, bitte, sie habe alles auf dem Herd.
Dann brachten uns beide auf unser Zimmer – über eine Marmortreppe in den ersten Stock, vorüber an goldgerahmten Ölgemälden, die Damen und Herren in Roben und Uniformen zeigten.
Das Zimmer war mit Seide tapeziert – ein bißchen verblaßt-vergilbter Seide, aber Seide – und hatte ein riesiges Bett mit Säulen und Baldachin und

Rokokoschnörkeln überall; es war einfach umwerfend.
Paulette und Jacques ließen uns allein, nachdem sie uns noch das Badezimmer – rosa Marmor – gezeigt hatten, und ich sank in einen geblümten Rokokosessel und kniff mich in den Arm, weil ich zu träumen glaubte ...
Nach dem Essen, das Paulette allein zubereitet hatte und allein auftischte, führte uns der »Bauer« Jacques durch den Park. Alle hundert Schritte war in der Mauer ein Ausguck.
»Hier«, sagte er und zeigte auf einen Hof am Fuße des großen Hügels, »hier haben wir das Geflügel! – Und hier«, erklärte er beim dritten Ausguck und wies auf den nächsten Hof, »hier sind die Kühe und Pferde!« ... und so weiter: Beim fünften Ausguck der dritte Hof mit der Schweinezucht, beim achten der vierte mit den Schafen und den Weizensilos, beim letzten schließlich »nur« eine riesige Remise, in der die Maschinen standen: Traktoren, Dreschmaschinen, Pflüge ... was weiß ich. Einige tausend Hektar Acker- und Weideland, ein Weinberg, am Horizont ein Wald – und noch dies und das an Kleinigkeiten: drei Fischteiche, eine Mühle und so weiter – gehörten unserem Bauern Jacques mit den großen Hornhauthänden. Ein richtig reicher Mann und so nett, als sei er tatsächlich ein simpler südfranzösischer Landwirt.
Das Schlößchen war – wie alles andere – seit andert-

halb Jahrhunderten Familienbesitz, und Jacques der Erbe.

Wir hatten nie zuvor und haben nie wieder in einem Rokokobett geschlafen – es war ein einmaliges Erlebnis. Von nun an fuhren wir jedes Jahr nach Mallorca und machten beim nächsten Aufenthalt die Bekanntschaft eines älteren Holländer-Ehepaares in einem Ibizenco-Haus hundert Schritt nebenan.

Das ist eine Geschichte für sich, eine merkwürdige Geschichte, weil sie zwei merkwürdige und bemerkenswert liebenswürdige Leute waren.

Er, Louis, der alte Holländer, war Arzt, ein fast zweimetergroßer dürrer Mann, für dessen Erscheinung ich keine treffenderen Bezeichnungen finde als kantig, knorrig, steif-hölzern. Sein Wesen war dem Äußeren entsprechend wortkarg, verschlossen – und man hätte ihn für humorlos halten können, wenn er nicht ab und zu knurrend kauzige Scherze gemacht hätte, die er so überraschend und manchmal in Situationen vom Stapel ließ, wo sie paßten wie Pfefferkörner in Obstsalat. Außerdem war er – in voller Übereinstimmung mit seiner ebenso spindeldürren Frau Mariekje – von spartanischer Genügsamkeit, die ich nicht Geiz nennen darf und will, weil sich beide, Louis und Mariekje, uns gegenüber von einer Großzügigkeit gezeigt haben, die zwar wohl nicht ganz ohne (verständliche) eigennützige Hintergedanken, aber weit entfernt von Pfennigfuchserei war. Louis, der in Wien

Medizin studiert und promoviert hatte, war in Holland lange Zeit als praktischer Arzt tätig gewesen. Er soll, so berichtete uns eine alte Patientin, die ihn besuchte, ein guter Arzt gewesen sein, ein sicherer Diagnostiker, einer, der sein Handwerk verstand und sehr beliebt war. Seine nebenberufliche und außerordentliche Liebe aber galt den Deutschen, genauer: dem Deutschtum in allen Spielarten. Auch dies in Analogie zur Neigung seiner Frau. Sie sprachen beide fließend Deutsch, Englisch, Französisch, lasen von Goethes »Wahlverwandtschaften« bis Hans Grimms »Volk ohne Raum« ziemlich unkritisch alles, was ihnen vor die Augen kam, wenn es nur deutsch war – und sie gingen in ihrer Germanophilie so weit, daß sie sich beim Einmarsch der Hitler-Soldaten in Holland begeistert »zur Verfügung stellten«.

Das war natürlich ein gefundenes Fressen für die Eroberer: Ein großer blonder Arzt, Holländer, bekannt und beliebt, bekannte sich zum Nationalsozialismus und wollte mitmachen.

Louis wurde also ein SS-Arzt – ich bin sicher, ohne zu wissen, was es mit dieser Elite-Bagage auf sich hatte. Er war ein Tristan, ein tumber Tor, und hat, auch da bin ich sicher, keinem Juden oder Kommunisten ein Haar gekrümmt. Aber er erklärte noch auf Mallorca, vierzig Jahre nach dem Desaster, die »Philosophie und Ideologie Hitlers« sei eine wunderbare Sache. Er hatte vom Zusammenbruch des

Dritten Reiches nichts gelernt und wollte auch die Greuel, die es begleitet hatten, einfach nicht wahrhaben. Das war auch verbohrter Trotz, denn die Holländer hatten das Ehepaar als Kollaborateure eingesperrt, hatten Louis enteignet, ihm die Praxis geschlossen und Berufsverbot über ihn verhängt. Mit dem Geld aus einer Erbschaft, glaube ich, hatten sich die beiden nach langem Suchen das Haus auf Mallorca gebaut, das von außen anderen Sommerhäusern ähnelte, innen aber sehr holländisch eingerichtet war: Bücherregale, Polstermöbel, alte Ölgemälde und Stiche, Zinn und Teppiche. Sie lebten, wie gesagt spartanisch, seit zwei Dutzend Jahren hier. Ab und zu kam Besuch, meist Verwandtschaft, seltener Freunde – denn mit den anderen »emigrierten« Nazis, von denen es auf Mallorca – auch wenn sie allmählich aussterben – heute noch welche gibt, mit denen also hatten unsere zwei Holländer kaum Kontakt.
Seine Wurst kaufte Louis zwar nur bei dem deutschen Schlachter in Palma, der – dem Vernehmen nach – sinnigerweise mal SS-Sturmführer oder so was gewesen ist, aber das hatte bestimmt mehr mit der Qualität der Wurst als mit Weltanschauung zu tun.
Mariekje, die Frau des Doktors – auch schon in den Achtzigern –, war eine verkannte Dichterin.
Ihr Vater galt um die vorige Jahrhundertwende als begabter Literat. Sie selbst schrieb sentimentale

Novellen, kindlich-kitschige Märchen, und hatte davon ganze Schubladen voll. Daß nie irgendwas von ihr veröffentlicht worden war, schrieb sie der »jüdischen Weltpresse« zu, von der sie sich als Nationalsozialistin verfolgt und boykottiert glaubte. Ich konnte ihr durch einen glücklichen Zufall helfen, daß eine Geschichte, die sie erzählte und dann aufschrieb, in Deutschland gedruckt wurde.
Es war eine wirklich hübsche Liebesgeschichte für junge Leser, die ich in eine Anthologie aufnahm, deren Herausgeber ich im Auftrag eines Stuttgarter Verlages war.
Darüber waren Louis und Mariekje so begeistert, daß sie uns im dritten Jahr unserer sporadischen Anwesenheit einen Teil ihres Grundstücks verkauften.
Auf diesem Grundstück, ideal, weil direkt am Meer gelegen, haben wir unter abenteuerlichen Umständen – auch das ist eine Geschichte für sich – ein kleines Haus gebaut. Und darin leben wir nun seit 1986 etwa acht oder neun von zwölf Monaten des Jahres.
Unsere Liebe zu Mallorca, aus der mit der Zeit eine richtig glückliche Ehe geworden ist, hat sich geändert. Nein, sie ist nicht geringer geworden, sie hat nur noch mehr Wurzeln, denn wir haben inzwischen auch eine Reihe Menschen kennengelernt, die »einheimisch« sind oder sich hierher zurückgezogen haben.

Die Skala unserer einheimischen Freunde und Bekannten reicht vom Peon-Hilfsarbeiter Christobal, einem kleinen, knorpeligen Fünfzigjährigen mit eisengrauem Haar und wasserhellen, immer lustiglistig blickenden Augen, über Mathias, den kauzigen, alten Hausmeister und Gärtner, der die fulminante Villa unserer selten anwesenden millionenschweren, spindeldürren englischen Nachbarin betreut, bis zu Francisco, dem Tierarzt aus der benachbarten, größeren Kleinstadt, einem sehr netten, bescheidenen Mallorquiner mit einer ebenso netten, schönen Frau namens Francisca.
Dazu und dazwischen gibt es den schon erwähnten Tischler und Taxibesitzer Pablo, seine temperamentvolle, alles wissende, alle kennende Ehe- und Geschäftspartnerin Marguerita, gibt's den alten »Schmugglerkönig« Guillermo, von dem noch berichtet werden wird, und es gibt Tomeo, den Postboten, der eine Handvoll Berufe hat und eine echte Frohnatur ist. Und es gibt die *extranjeros,* die Fremden, Menschen aus aller Welt, die auch dann noch *extranjeros* sind und bleiben, wenn sie schon zwanzig oder mehr Jahre ihre Heimat verlassen haben, um hier eine neue zu finden.

Ich muß gestehen, daß es mir schwerfällt, den Anfang eines roten Fadens zu finden, an dem entlang ich die Insel so schildern kann, wie ich sie kenne und sehe, damit sie für den Leser lebendig wird.

Mit einer Beschreibung der ungewöhnlichen Farben, der vielfältigen Formen Mallorcas ist es nicht getan, wenn ich darüber die Menschen vergesse.
Mit einer Darstellung der – ebenfalls ungewöhnlichen, ebenfalls vielfältigen – Bewohner des Eilands ist es auch nicht getan, wenn ich die Farben und Formen außer acht lasse, in denen die Leute leben, von denen sie geprägt sind.
Sehr selten ist mir bisher eine Symbiose von Farben, Formen, von Landschaft, Licht und Lebewesen so eindrucksvoll und deutlich geworden wie auf der Baleareninsel Mallorca. Der alte Schmuggler Guillermo zum Beispiel ist unter dem grauen Himmel und zwischen den Häuserzeilen Hamburgs nicht vorstellbar. Allenfalls könnte er noch nach Nord- oder Ostfriesland passen, wie es überhaupt einige Ähnlichkeiten zwischen den Nordsee-Insulanern und den Hiesigen gibt.
So kurios es klingen mag: Guillermo aus Santanyí, Antonio aus Alqueria Blanca, aber auch Pablo aus Porto Petro – alles waschechte Mallorquiner – erinnern mich oft an Harm Jansen auf Norderney, Heiko Olsen auf Langeoog, Okko Nanninge auf Juist und ein paar Dutzend andere Insulaner aus dem rauhen Norden.
Vielleicht liegt es daran, daß Inseln die Charaktere – und damit auch die Gesichter, Gesten, Gewohnheiten – ihrer Bewohner prägen.
Jedenfalls haben die Männer am Mittelmeer den

gleichen Blick, verblüffend ähnliche Bewegungen, die gleiche langsam-bedächtig-unerschütterliche Art zu reden und zu reagieren, wie viele Nordsee-Insulaner.
Hier wie dort haben sie auch den gleichen hochmütigen Stolz allem und allen Fremden gegenüber, was nicht ausschließt, daß sie die Besucher ihrer Bereiche als brauchbare Beute betrachten.
Den Inselbewohnern aus Deutschlands Norden wird nachgesagt, ihre Vorfahren hätten noch vor nicht allzulanger Zeit falsche Feuer an die Strände und in die Dünen gesetzt, um Schiffe in die Irre zu locken, auf den Sandbänken zum Kentern zu bringen und auszuplündern.
Es wird gesagt – und ist auch beschrieben –, die Ostfriesen hätten Piraterie betrieben und Schmuggel und sie wären als Untertanen und als Staatsdiener aufmüpfig und ziemlich unbrauchbar gewesen.
Von falschen Feuern habe ich auf den Balearen nichts gehört, aber Piraten hat es hier auch gegeben, und Schmuggel war bis vor wenigen Jahren noch ein blühendes und beinahe achtbares Gewerbe auf den Eilanden vor Alicante bis Barcelona.
Und besonders brave Staatsbürger scheinen mir die Mallorquiner zum Beispiel auch nicht zu sein. Sie lieben zwar ihren König, aber bestehen auf ihren eigenen – spezifisch balearischen – Rechten, auf ihrer Autonomie.

Ich habe den schon erwähnten imponierenden, hochgeachteten alten Guillermo kennengelernt, der, als ich sein Vertrauen gewonnen hatte, keinen Hehl daraus gemacht hat, daß er nach dem Krieg viele Jahre als *contrabandista,* als Schmuggler, gelebt und sich ein beträchtliches Vermögen mit dem illegalen Erwerb, Transport und Verkauf von Kaffee, Zigaretten, Nylonstrümpfen, Zucker und Medikamenten erworben hat.
Heute ist er »im Ruhestand«, hat auf seiner malerischen Finca Aprikosen, Mandeln, Oliven und Johannisbrotbäume und verurteilt und verachtet die heutigen Schmuggler, die nicht mehr so »ehrlich« sind wie er seinerzeit, sondern rigoros mit harten Drogen handeln.
Es ist spannend und amüsant, meinem emeritierten Gesetzesbrecher zuzuhören, wenn er von seinen Abenteuern, von Verfolgungsjagden, Windhosen und von den Schnippchen erzählt, die sie der Guardia Civil geschlagen haben und so weiter ... Aber wenn er sich in Feuer redet, ist er oft schwer zu verstehen, weil er dann *Mallorquin* spricht.
Mallorquin ist die Insel-Variante des *Katalan,* der sozusagen zweiten spanischen Sprache neben dem *Kastillan.* Das ist verwirrend für alle, die zu Hause in Deutschland einfach nur Spanisch gelernt haben. Am besten kann man es mit Hochdeutsch–Plattdeutsch vergleichen und erklären, obwohl der Vergleich, wie alle Vergleiche, hinkt.

Kastillan ist also Hochspanisch, das Spanisch des Cervantes, das Spanisch, das in der Wirtschaft und Wissenschaft, in der Politik und in der Justiz gesprochen und geschrieben wird.
Katalan ist die Sprache des Volkes, mit eigener Orthographie und Grammatik ... auf der Basis des Hochspanischen.
Und *Mallorquin* ist das Katalan, das auf den Balearen benutzt – gesprochen und geschrieben – wird. Darüber hinaus gibt es innerhalb der Balearen (Mallorca, Menorca, Ibiza, Formentera) noch Unterschiede, wie ja auch auf Norderney ein anderes Platt gesprochen wird als auf Sylt.
Die *Mallorquin*-Sprechenden sind schon deshalb besonders hartnäckige Benutzer und fast fanatische Verfechter ihrer Sprache, weil unter der Diktatur Francos das Katalan streng verboten war.
Auch darin ähneln übrigens die Hiesigen den Friesen, von denen schon Heinrich Heine vor 160 Jahren gesagt hat, daß sie »... eine Sprache schwatzen, wovon kaum begreiflich scheint, wie es ihnen selber möglich ist, sie zu verstehen«.
Das gilt auch und erst recht hier auf den Balearen und besonders auf Mallorca für die Frauen, die, wenn sie Mallorquin miteinander reden, laut und vokalreich, nicht zu verstehen sind.

*

Apropos die Frauen.
Im ersten Jahr unserer damals noch sporadischen Anwesenheit sind wir mit einer Freundin aus Hamburg im Auto mal durch die malerischen kleinen Dörfer und Städte im Innern der Insel gefahren.
Es war ein heißer Tag gewesen, und die Glut stand noch in den engen Straßen, obwohl die Sonne schon gesunken war.
Die Orte, die wir passierten, wirkten wie ausgestorben.
Alle Türen waren geschlossen. Die Holzläden vor Türen und Fenstern, waren vorgelegt. Nur im Schein der Neonleuchte vor der »*Bar*« am Marktplatz saßen ein paar Männer, Weinglas, Bierglas oder Kaffeetasse vor sich, murmelten, rauchten.
Da erklärte unsere kluge, engagiert-emanzipierte Freundin, daß sie dies alles typisch für diese tyrannische Männergesellschaft finde.
»Seht ihr!« rief sie empört. »Die Kerls faul vor der Kneipe, wo sie Politik machen ... schlechte Politik – und die armen Frauen arbeiten sich, eingesperrt in die engen, düsteren Häuser, die Finger wund, rechtlos, geknechtet ...!« Und so weiter.
Denkste!
Wir haben inzwischen längst erfahren und gelernt, daß die eigentliche Macht hier von den Frauen ausgeübt wird, daß der *Macho* gar nicht der brutale Kikeriki-Unterdrücker ist, den er so gerne und so perfekt spielt (wie in der Stierkampfarena und beim

Flamenco zu besichtigen), sondern nur das »Männchen«, das in den meisten Fällen genau das tut, was das Weibchen will und sagt.
Auch das ist hier wie anderswo.
Und dennoch würde nicht nur Guillermo nicht nach Hamburg passen, sondern auch zum Beispiel Antonio, der Tischlergeselle und Ehemann unserer Haushilfe Sebastiana, wäre in der bundesrepublikanischen Leistungsgesellschaft nicht denkbar, mit seiner fröhlichen Trödelei würde er gewiß am dritten Arbeitstag gefeuert ...
Aber ich merke schon, daß ich mich mit Plaudern um die Suche nach einem roten Faden drücke, und ich bin mir nun auch sicher, daß weder schwärmerische Landschafts- noch Menschenbilder allein genügen, um Mallorca sichtbar, spürbar zu machen.
Deshalb greife ich zum bewährten Mittel und nehme den Kalender als roten Faden.
Mein Mallorca in zwölf Monaten von Januar bis Dezember.

MARCH
BANCA MARC

JANUAR

Das Jahr auf Mallorca beginnt mit dem Fest des Jahres: Am 6. Januar wird *Reyes,* »Dreikönige«, gefeiert. Das ist hierzulande gewichtiger als Weihnachten, zumal für die Kinder, denn zu *Reyes* – nicht zu Weihnachten – gibt es Geschenke; eigentlich logisch, wenn man der biblischen Geschichte folgt.

Die »Könige« werden von Männern des Dorfes – oder Städtchens – dargestellt, die dafür – von Jahr zu Jahr im Wechsel – gewählt worden sind.

Das ist eine große Ehre, und die Auserwählten wetteifern in der Gestaltung ihrer Kostüme.

Überall dort, wo es in der Nähe einen Hafen gibt, kommen am Abend *vor* dem Fest die »Könige« mit dem Schiff. Sie werden feierlich empfangen und besteigen die bereitgehaltenen geschmückten

Pferde, um in den Ort zu reiten. Voran fährt heutzutage – mit Leuchtsirene und Martinshorn – die Polizei, die ihnen den Weg freihält. Auf dem Kirchplatz hält die Kolonne, in deren Gefolge ein Traktor mitgefahren ist, der einen Anhänger voller Pakete zieht.

Nachdem die drei Könige in der Kirche an der Weihnachtskrippe ihre Verbeugung gemacht haben, nehmen sie draußen auf drei Thronsesseln Platz, und der Bürgermeister ruft – heute über Mikrophon – die Namen der Kinder auf, die auf ihre Geschenke warten.

Jedes aufgerufene Kind geht zu den drei Königen und bedankt sich mit einem Kuß. Das ist eine langwierige Veranstaltung. Sie kann bis Mitternacht dauern, ist laut und lustig und stellt zugleich eine eigenartige soziale Kontrolle dar – denn die Menge reagiert manchmal mit Unmut, wenn ein Kind mehrere Pakete kriegt oder zu üppige Geschenke.

Dazwischen entsteht großes Hallo und Gelächter, weil Jugendliche Juxpakete in den Anhänger geschmuggelt haben, so daß der oder die Beschenkte ein Holzscheit auswickelt oder einen alten Schuh.

Die Zahl der Zuschauer wechselt während der Zeremonie, denn die Frauen, Männer und Kinder wärmen sich zwischendurch immer mal in den »Bars« auf, die am Kirchplatz liegen.

Es wird überhaupt gern und viel und mit großer Intensität auf Mallorca gefeiert.
Neben den »offiziellen« Fest- und Feiertagen wie Dreikönigstag, Ostern, Weihnachten finden in den Dörfern und Städten der Insel die lokalen Festivitäten statt. Das sind die Namenstage der Heiligen, die Schutzpatrone eines Ortes sind. Eins der großen Feste findet in vielen oder fast allen Dörfern und Städten Mallorcas Mitte Juni statt. Es ist das Fest des heiligen Antonio.
Ein zweites »Antonio«-Fest gibt es schon im Januar. Da wird der heilige Antonio von Padua gefeiert – und zwar vor allem in Orten, die ihn als Schutzheiligen verehren. Santanyí, unsere »Behörden-Kleinstadt«, ist, wie schon der Name sagt, so eine »Antonio-Gemeinde«.
Der heilige Antonio von Padua war ein Franziskaner und Schüler des Franz von Assisi. Er hat vor 800 Jahren gelebt und wird – neben seinem Lehrer und Ordensgründer – als Schutzpatron für die Tiere verehrt. Deshalb ist es Brauch, an seinem Namenstag (17. Januar) die Tiere segnen zu lassen. Es ist ein hübsches Schauspiel, wie die Mallorquiner mit ihren Pferden, Hunden, Katzen, Schafen und Hühnern auf den Platz vor die Kirche kommen und den priesterlichen Segen für ihre Tiere erbitten und empfangen. Das sieht nach Gemüt und Tierliebe aus und wäre noch rührender, wenn es hier nicht auf der anderen Seite die zahllosen Kettenhunde,

die halbverhungerten Katzen, die gefesselten Schafe gäbe, die das Antonio-Festritual unglaubwürdig machen. Von den aufgeschlitzten Pferden der *Picadores,* von den im »Kampf« getöteten Stieren in den großen Stierkampfarenen ganz zu schweigen.

Ein kluger spanischer Freund hat mir mal gesagt: »Solange es in diesem Land zur Volksbelustigung Stierkämpfe gibt, die heute noch dazu fast allabendlich im Fernsehen gezeigt werden – so lange gehören wir Spanier nicht zu den zivilisierten Völkern!«

Ich kenne das Problem »Tiere« schon aus dem Grunde gut, weil wir mehrere verwahrloste Hunde aufgenommen, gesund gepflegt und zu Freunden mit nach Deutschland genommen haben, weil wir tagaus, tagein die scheuen, dürren, halbwilden Katzen füttern, manchmal sechs, sieben, die vor allem im Winter im Wald und am Strand leben und die Mülltonnen plündern. Das sind alles Tiere, die keiner zum Segnen auf den Kirchplatz bringt, wenn Antonio von Padua Namenstag hat ...

Das schmälert unsere Liebe zu Mallorca ein wenig, und es macht uns skeptisch dem Wert frommer Gebräuche gegenüber.

*

Aber nicht nur Kalenderfeste, sondern auch Familienereignisse aller Art, Hochzeiten, Taufen und andere, sind höchst willkommene Anlässe, die Arbeit Arbeit sein zu lassen.
Ich werde nicht vergessen, daß mitten in einer Werkwoche der Maurerpolier Jacindo (sprich »Rassindo«), der mit seinen fünf Leuten unser Häuschen baute, ohne vorher irgendwie Bescheid zu sagen, nicht kam, so daß ich die fünf beschäftigen mußte, so gut es ging.
Am nächsten Tag nach dem Grund seines Ausbleibens befragt (freundlich-höflich befragt, denn Schimpfen darf man um Himmels willen mit einem Mallorquiner niemals, schon gar nicht als Fremder), erklärte Jacindo also mit gelassener Miene, nein, er habe nicht kommen können, denn gestern sei der vierte Todestag seines Vaters gewesen, und da sei er immer viel zu traurig, um zu arbeiten, denn er habe seinen Vater sehr geliebt.
Dazu muß jedoch gesagt werden, daß Jacindos Trauer um den vor Jahren verstorbenen Vater eine Ausnahme ist. Die Mallorquiner leben noch oft – öfter und intensiver als andere – in Großfamilien. Die Alten werden nicht abgeschoben. Sie leben ihr Leben im Haus ihrer Kinder bis zum Ende, haben ihre völlig selbstverständliche Daseinsberechtigung und werden versorgt und gepflegt. Deshalb wird der Tod auch als Erlösung – als Erlösung für den alten Vater, die alte Mutter – und für die Familie

gesehen, und die Trauer wird nicht zum Klagegeschrei.
Todesfälle, Hochzeiten, Taufen, erste Kommunionen, Hunderte Geburtstage – alles wird mit überraschend großem Aufwand festlich begangen. Wir sind von Jaime, einem schlichten Elektriker, zur Taufe seines ersten Kindes eingeladen worden, was eine große Ehre war, und haben gestaunt über die Tafel voll Gekochtem, Gebratenem, Gebackenem, über die Batterien Wein- und Sektflaschen, über die Zahl der Gäste.
Anderthalb Dutzend Frauen aus dem Dorf, Verwandte, Freunde hatten tagelang gearbeitet, und Jaime würde ein paar Monate arbeiten müssen, damit er die große Feier bezahlen konnte.
Aber das interessanteste Fest, das wir miterlebt haben, war der hundertste Geburtstag von Pablos, des Taxibesitzers, Mutter.
Hundertste Geburtstage sind hier gar nicht so seltene große Ereignisse. Doch dieser war überwältigend. Pablo und seine Geschwister hatten das ganze Dorf eingeladen. Ich schätze, Alqueria Blanca, so heißt der Ort, hat etwa vierhundert Einwohner.
Am Sonntagvormittag fand eine festliche Messe statt. Die Kirche war voll bis auf den letzten Platz. Von der Predigt haben wir zwar kein Wort verstanden, weil der Priester sie auf mallorquin hielt.
Aber das Defilee der gesamten Einwohnerschaft

vor der Jubilarin und die Orgel, vom Postboten virtuos gespielt, und überhaupt das ganze Ritual waren beeindruckend.
Vor der Kirche im Sonnenschein stand das Blasorchester aus der Kreisstadt Santanyí, und die Volkstanzgruppe Alqueria Blancas tanzte in der Tracht, die mich wieder an Ostfriesland erinnerte.
Als die Messe zu Ende war, hatte Pablo voller Stolz seinen bunten Zug vor die Kirche gefahren, um die Gäste in den Saal zu kutschieren, in dem der weltliche Teil des Festes stattfinden sollte.
Der bunte Zug ist ein als kleine Lokomotive kostümierter Pkw mit drei Anhängern, die – ebenfalls bunt bemalt – im Sommer die Touristen an die Badebuchten der Umgebung transportieren.
Jetzt und hier, im Januar und mitten im Dorf Alqueria Blanca, war das komisch-liebenswerte Gefährt zwar ein Fremdkörper, aber auch eine bejubelte Sensation.
Ungefähr sechzig bis siebzig Personen passen in die offenen Wagen, und Pablo mußte fünf- oder sechsmal durch die schmalen Gassen fahren, bis alle in den großen Saal des (noch nicht ganz fertigen) Altersheims befördert waren, wo das malerische Festtags-Frühstück vorbereitet war.
Es bestand aus der beliebten dickflüssigen, sehr süßen Schokolade, aus *Ensaimadas,* jenen suppentellergroßen, zwei Finger dicken Hefeteigschnecken mit Puderzucker, und – des besonderen

Anlasses wegen – aus Sekt, halbsüßem, mangels Kühlschränken lauwarmem spanischem Sekt, dessen trockene Variante, gut gekühlt, hervorragend schmeckt.
Die zwei Bäcker des Dorfes, auch mit der Hundertjährigen irgendwie verwandtschaftlich verbunden, hatten in Nachtarbeit 1260 (in Worten: eintausendzweihundertsechzig) *Ensaimadas* gebacken.
Jaime, der Elektriker, und Juan, der Klempner, waren mit ihren Lieferwagen von den Backstuben zum Festsaal hin- und hergefahren, um die Berge von Gebäck zu befördern.
Allgemeine Fröhlichkeit herrschte. Die Sektkorken knallten. Das Fernsehen filmte. Vor dem Gebäude tanzten die hübschen Mädchen im Sonnenschein in ihren langen, leinenen Röcken und die Burschen in Kniehosen, weißen Strümpfen und Schnallenschuhen. Die uniformierten Musikanten bliesen, daß es nur so schepperte. Und die Jubilarin saß an der Stirnseite der langen Hufeisentafel und nickte auch dann im Takt, wenn es keine Musik gab.
Ihre Töchter, Schwiegertöchter, Enkelinnen, Urenkelinnen und sogar ein paar Ururenkelinnen genossen den Trubel.
Die männlichen Nachkommen, alle in dunkler Sonntagsgewandung und dadurch zum Teil für mich kaum wiederzuerkennen, da ich sie bisher nur in Arbeitsklamotten gesehen hatte, die Männer also und ihre Freunde saßen oder standen beisam-

men und machten das, was sie Sonntag vormittags sonst in oder vor der »Bar« machen: Lokalpolitik. Die hiesige »Bar« hat übrigens mit der Bar in unseren Breiten wenig Ähnlichkeit. Wo bei uns Halbdunkel herrscht, schimmern hier nackte Neonleuchten. Die tiefdekolletierte, von leise sündiger Aura umgebene mitteleuropäische Bardame wird auf Mallorca vom meist molligen Wirt ersetzt – wenn nicht seine Frau hinter der Theke steht, weil er mit Stammgästen Karten spielt. Das ist oft eine hagere, ein bißchen bissig dreinblickende Person mittleren oder höheren Alters, die vom verführerischen Flair unserer Bardamen viele Rosenkränze weit entfernt ist. Hinzu kommt in den Bars hierzulande Mobiliar, das aus der Kantine eines mittleren Metallverarbeitungsbetriebs stammen könnte, so penetrant praktisch sind die Stühle und Tische.

Es plärrt fast immer ein Fernsehgerät, und es klingelt, rasselt und blinkt daneben ein Spielautomat – kurzum, ich habe nie verstanden, was die mallorquinischen Restaurant-Bars so anziehend macht, daß sich freundlich-fröhliche, gestandene Männer dort wohl zu fühlen scheinen.

Zwar gibt es auch Bars mit wunderschönen alten Kachelböden und Marmortischen auf geschwungenen Beinen aus Gußeisen – aber die sind rar und werden immer seltener ... leider.

Es ist jedoch möglich, daß die Vertreter des »stärkeren Geschlechts« dort schlicht Zuflucht suchen.

Zuflucht vor der polierten, kühlen Dunkelheit ihrer Häuser, vor der schon erwähnten heimlich-unheimlichen Herrschaft ihrer Frauen.

Anfang des Jahres – oft schon im Januar bis März – wenn das Mittelmeer rund um Mallorca nicht mehr so tut, als sei es die stürmische Nordsee, wenn es blau und brav unter dem ansichtspostkartenblauen Himmel liegt, wenn der Hibiskus behutsam zu blühen beginnt und die Pinien im warmen Wind ihre jungen, hellgrünen Kerzen wiegen – dann greifen die Mallorquiner zu Besen, Bürste und Pinsel, soweit sie darauf erpicht und angewiesen sind, Touristen in ihren Bettenburgen oder Bungalows zu beherbergen.

Sie klappen die Persianas auf, die den Winter hindurch Luft und Licht ausgesperrt haben, vertreiben den Moderduft aus den Räumen und tünchen alles weiß, was neuer Farbe bedarf.

Das ist Frauensache.

Nur wenn es gar zu hohe Wände sind, die gestrichen, gar zu massive Möbel, die gerückt werden müssen, hilft manchmal ein Mann. April und Mai sind harte Monate für alle die Frauen, die mit dem Fremdenverkehrsgewerbe zu tun haben.

Aber das ist in Bayern auch nicht anders als auf den Balearen, in Friesland ebenso wie auf Formentera ...

Doch ich will nicht in den modischen Klagegesang einstimmen, daß es die Frauen in unserer Gesell-

schaft eben immer viel, viel schwerer haben als die Männer, daß sie eigentlich und in Wahrheit das »stärkere« Geschlecht sind – und so weiter, und so fort.
Denn die Männer haben ja auf Mallorca wie anderswo ebenfalls allerhand zu tun, ehe die Städter Stille suchend die Strände und Steilhänge stürmen.
Die Männer müssen Wanderwege markieren, Autos zum Vermieten vorbereiten, Fahnenmasten aufstellen, Bierfässer rollen – ja, und aufpassen, daß um Himmels willen keine Löcher in das Netz geraten, das fürs Fremde-Fischen ausgeworfen wird. Der Konkurrent nebenan könnte zum Beispiel die gleichen Ansichtspostkarten billiger anbieten – dagegen gilt es, rechtzeitig anzugehen!
Alle, alle haben viel zu tun – aber, ich kann mir nicht helfen, der Fleiß der Frauen ist nun mal augenfälliger!
Es kommt hinzu, daß der Fremde – und wer nicht hier geboren und aufgewachsen ist, wird auch bei größter Anpassungsfähigkeit immer ein Fremder bleiben –, es kommt also hinzu, daß der Fremde angesichts des gerade hier besonders augenfälligen Frauenfleißes das Vorurteil bestätigt findet, die spanischen Frauen seien Opfer und litten unter der Macht der Machos.
Kindbett, Küche und Kirche seien ihr Lebensraum, meinen die meisten.
Ich wußte damals noch nicht, daß dies weit gefehlt ist. Inzwischen weiß ich es.

Ich weiß es unter anderem daher, daß zum Beispiel Manolo X. im Bezirk Y. Chef der privaten Wasserversorgung ist, daß es enorm schwierig und sehr langwierig ist, eine Wasserleitung gelegt zu kriegen, daß jedoch jeder, der Marguerita, Manolos Frau, richtig beschenkt, ohne große Mühe und zu langes Warten Wasser bekommt. Die geknechtete Marguerita hat in dem Bereich absolut das Sagen.
Und so ist es auch bei Pedro, der im Winter das Brennholz bringt. Seine Frau mag gern *Hierbas,* den süßen Kräuterlikör ... und das Holz kann heute kommen oder nächste Woche. Es kann feucht oder trocken, ein bißchen billiger, ein bißchen teurer sein. Pedros Frau entscheidet das ...
Auch bei José, der die Autowerkstatt hat, ist es so. Antonia, seine Frau, schwärmt für Schokolade. Wer das weiß, kriegt sein repariertes Auto nach einem Tag wieder. Sonst kann es unter Umständen Wochen dauern.
Ich finde, nebenbei, daß dies keine schlechte Gesellschaftsordnung ist, und sie wäre noch besser, wenn die Macht der Frauen nicht hie und da von *den* Männern gelenkt und genutzt würde, die eigentlich keine Männer sein dürfen, weil sie festangestellte Diener des Herrn sind.
Doch das ist nun auch wieder ein Kapitel für sich und gilt ebenfalls nicht nur für Mallorca oder Spanien.
Besonders augenfällig und effektiv ist dieses Spiel

der Kräfte dann, wenn der Pater ein schöner Mann ist. Es hat vor einiger Zeit in unserer Gegend einen gegeben, der jung, stattlich gewachsen, höchst wohlgefällig anzusehen war, über einen klingenden Bariton verfügte und diesen wirksam einzusetzen wußte, wenn er die Litaneien sang, betete oder predigte.

Die Kirchen sind hier fast immer so gut besucht, daß ein rheinländischer Pastor neidisch würde, wenn er es sähe. Aber unter der Ägide jenes attraktiven Paters soll – so sagen die Männer des Kirchspiels – das hiesige Gotteshaus von frommen Frauen aller Schichten und Altersgruppen immer rappelvoll gewesen sein. Wie weit sich die Schönheit des Seelenhirten auf die Inbrunst der Gebete, auf die Gläubigkeit seiner Schäfchen ausgewirkt hat, kann keiner sagen.

Die Lokalpolitik ist jedoch – behaupten die kritischen unter den Männern – in jener Zeit von den Frauen bestimmt worden ...

Sela!

Doch noch mal zurück zu den Bars: Ich kam nicht dahinter, was die mallorquinischen Männer, und zwar vorwiegend die älteren, an ihren ungemütlichen Neonlicht-Bars so anziehend fanden, daß sie sich fast allabendlich dort versammelten.

Die spärliche Wärme der Butangasöfen konnte es eigentlich nicht sein. Wärme hatten sie ja in ihren Häusern auch und sogar bessere, denn in jedem

der Wohnräume, ob schlicht oder kostbar eingerichtet, gibt es eine Camilla. Das ist ein runder Tisch, unter dem in der Mitte ein ebenfalls rundes Eisen-, Messing- oder Tongefäß mit Holzglut steht. Über den Tisch ist eine dicke Decke gebreitet, die rundum bis auf den Fußboden hängt. Durch diese kann man die Beine stecken. Das bedeutet warme Füße und Beine bis zum Knie.
Wahrscheinlich ist das ungesund, aber sehr angenehm. Die Wintermonate können nämlich auch hier kalt sein. Kalt heißt 5–6 °C über Null. Da auf Mallorca aber eine außerordentlich hohe Luftfeuchtigkeit herrscht, ist diese Temperatur viel unangenehmer als 12 °C minus und Sonne in den deutschen Breiten.
Der Fußwärmetisch, die Camilla, ist jedenfalls ein häufig gebrauchtes Möbelstück auf der Insel, mindestens bis zum Ende des nächsten Monats, des Februar.

FEBRUAR

Der Februar ist unserer Erfahrung nach der unwirtlichste Monat auf Mallorca, aber – jedenfalls in seiner zweiten Hälfte – optisch der schönste, weil dann die Mandelbäume blühen.
Das ist ebenso unbeschreiblich wie absurd: Eine gute Flugstunde nach Norden herrscht Schnee und Eis, die Alpen, die man überfliegt, haben nicht nur weiße Mützen, sondern sind verschneit bis in die Täler.
(Es ist übrigens immer ratsam, sich einen Fensterplatz an der rechten Seite im Flugzeug zu sichern, denn die Französischen und Schweizer Alpen liegen meist rechts unter einem, wenn man nach Deutschland fliegt. Und da hat man bei klarer Sicht ein überwältigendes Panorama zu Füßen. Im Winter an Sonnentagen wirklich unübertrefflich schön!)

Das ist das Absurde: Während man das Schnee-Weiß überfliegt, liegt hinter einem das Blüten-Weiß der mallorquinischen Mandelbäume, ebenso und doch ganz anders schön.
Aber die Insel ist trotzdem unwirtlich im Februar und März. Ich habe außer im Kriegswinter '42/'43 im Schützengraben von Woronesch nicht so gefroren wie im Sommerhaus unserer französischen Freunde am Mittelmeer im Februar '81.
Das Haus war nur mittels eines Kamins zu heizen. Wir haben zentnerweise Oliven- und Mandelholz verfeuert, aber zweieinhalb Meter vom Kamin entfernt kroch uns die feuchte Kälte unter die Haut.
Doch wenn wir dann an einem sonnigen Tag das Haus am Meer verließen und zehn Minuten landeinwärts liefen, waren wir im mildesten Frühling, von Hummeln und Bienen umsummt, unter weiß- und rosablühenden Mandelbäumen, zogen flugs unsere wollenen Strickjacken aus und trugen Hautcreme auf, um keinen Sonnenbrand zu kriegen.
Eine ganz besondere Merkwürdigkeit der Monate im frühen Jahr, besonders von Februar und März, sind die eigenartigen Stürme ohne Sturm.
Das Meer tobt. Vier bis fünf Meter hohe Wellen gischten an die Felsen, aber kein Lüftchen ist zu spüren. Die Pinien stehen regungslos, nicht ein Grashalm rührt sich, absolute Windstille herrscht – doch die Brandung bricht sich brausend und zi-

schend am überspülten Gestein ..., »als sollte das Meer noch ein Meer gebären«.
Ein Fischer hat mir erklärt, das seien Stürme draußen auf hoher See, deren Winde nicht bis hierher wehten, doch die Bewegung des Wassers laufe bis an die Küste.
Seltsam ... ich muß es glauben, weil ich keine andere Erklärung habe.
Neben der zauberhaften Schönheit der Mandelblüte und der Eigentümlichkeit der windstillen Stürme hat Mallorca um diese Jahreszeit den Reiz touristenfreier Badeorte. Außer in den vier, fünf oder sechs betonierten Bettenburgen, in denen Senioren aus Mitteleuropa ihre Sonnensehnsucht stillen, sind die »Clubs« und die Hotels an den Stränden verwaist und zugeschottet, die Swimmingpools leer, die Andenkenläden geschlossen, die Ausflugsattraktionen wie ausgestorben.
Ja, gewiß, es fahren noch ein paar Busse voll alter Damen und Herren ins Hinterland, zu den Perlenfabriken von Manacor, zu den *Cuevas del drach,* den Drachenhöhlen in Porto Christo oder nach Valldemosa, wo vor hundertfünfzig Jahren Chopin mit George Sand um die Wette gefroren hat, aber die kleinen Dörfer und Städtchen im Inselinneren, die schon in der Saison selten von Fremden besucht werden, sind zwischen November und Mai nahezu unberührt vom Touristengetümmel.
Höchstens, daß sich mal ein pensionierter deut-

scher Oberlehrer (Geschichte und Erdkunde) nach Capocorp Vall verirrt, um die imposanten *Talayots* zu bestaunen, jene merkwürdigen Bauwerke, die vor dreieinhalbtausend Jahren hier – kein Mensch weiß, wie – errichtet worden sind, Ruinen inzwischen, wie sie es an mehreren Stellen der Insel, zum Beispiel in Ses Paises und Artà, gibt.
Für mich ist im Februar und März die beste Zeit, die nähere und weitere Umgebung unserer neuen Heimat zu erkunden, weil dann noch alles grün ist, was vier, fünf Monate später braungelb verdorrt in der Sonnenglut liegt, weil die Luft dann noch frisch und würzig schmeckt, weil die Wiesen – bis in den April hinein – so unerhört bunt sind, wie ich seit meiner Kindheit keine mehr gesehen habe.
Von meinem kleinen, braunverputzten Haus am Meer zwischen der Cala Burgit und der Cala Barca Trencada bis zum Haus eines Freundes oben an der Steilküste sind es ungefähr zwanzig Minuten zu Fuß, knapp fünf Minuten mit dem Auto, aber der Fußweg ist natürlich, wie meist, der schönere. Er ist nicht nur der schönere, wenn auch beschwerlichere Weg, sondern auch der interessantere.
Denn er führt durch dreierlei mallorquinische Landschaften, durch Wald, zerklüftete Felsenküste, Felder mit Mandelbäumen ...
Er führt durch allerlei mallorquinische Geschichte und Geschichten und an mancherlei schönen Beispielen typisch mallorquinischen Charakters vorbei.

Das geht gleich hundert Schritt hinter meinem Häuschen los: Da hat eine konsequent kommerzorientierte Company (oder muß es treffender »Kumpanei« heißen?) aus spanischen und bundesrepublikanischen Monetenmännern im Eiltempo den Höhenzug längs der Küste rasiert, dem alten, sympathisch-verwahrlosten Pinienwald im Handumdrehen den Garaus gemacht, und – gegen viele Vorschriften und gegen jede Naturschutz-Vernunft – bonbonbunte Betonbettenburgen für zweieinhalbtausend Touristen aus dem Boden gestampft ... jetzt, in den neunziger Jahren, da alle Welt wehklagt, daß die Wälder sterben.
Am Rande dieser unsäglichen *Urbanisation* liegt eine uralte Finca. Sie gehört der Familie Rigo seit Menschengedenken. Bartholomeo Rigo, das derzeitige Oberhaupt der Sippe, ist ein mittelgroßer, hagerer Mann in den Sechzigern, weißhaarig, wasserblauäugig, und immer wieder, wenn ich ihn an der handgeschichteten gelb-rot-braunen Natursteinmauer treffe, die seinen Grund und Boden begrenzt, immer muß ich an jene anderen Insulaner denken, von denen vorhin schon die Rede war.
Auf dem Weg zum Haus meines Freundes bin ich an der Steinmauer von Bartholomeo Rigos Finca stehengeblieben und habe die üblichen Nachbarschaftsfloskeln mit ihm gewechselt: *»Va bien?«* – »Geht's gut?« ... und so fort.
Wir sind – soweit ich das mit meinem lückenhaften

Holper-Spanisch überhaupt kann – ein bißchen ins Schwatzen gekommen. Ich habe Tomeo erzählt, daß ich bei nächster Gelegenheit mal nach Menorca, Ibiza und Formentera will, um die anderen Inseln kennenzulernen.

Doch da hat er den Kopf geschüttelt und mir abgeraten. Formentera, hat er gesagt, sei nur ein steiniger Sandhaufen, Ibiza – ach, das wäre voll von reichen Leuten in protzigen Villen mit ebensolchen Motorbooten ... So viele, daß es dort kaum noch Einheimische gebe. Und Menorca – das könne man sich sowieso sparen. Die Menorquiner, die gucke einer aus Mallorca nicht mal über die Schulter an.

»Und warum nicht, Tomeo?« wollte ich wissen.

Doch eine richtige Antwort bekam ich nicht. Die Abneigungen Mallorca-Menorca haben, glaube ich, auch was mit der jüngeren spanischen Geschichte zu tun. Und auf Fragen nach der jüngeren spanischen Geschichte, nach der Franco-Zeit, nach dem unseligen Bürgerkrieg und danach, wie das wohl auf den Balearen war, bekommt man hier nur selten – wenn überhaupt – eine Antwort. Wer sich darüber informieren will, dem sei das Buch »Die großen Friedhöfe unter dem Mond« von Georges Bernanos empfohlen. Das ist ein bitterer Bericht, nicht leicht zu lesen und ebenso schwer zu verkraften. Über die ältere Geschichte ihrer Heimat jedoch geben die Insulaner gern Auskunft, und sie erzählen mit ernster Miene und für ihre Verhältnisse sogar wortreich von der schrecklichen Zeit, in der ihre Vorfahren unter den *Moros,* den Mohren, den Mauren, so fürchterlich gelitten hätten.

Das ist zwar nicht so ganz richtig, denn die alten, runden fensterlosen Steintürme, von denen einer auch noch auf Tomeos Finca steht, waren ja in Wirklichkeit weniger Flucht- und Schutztürme, sondern dienten als Signal- und Warnposten. Und die *Moros,* die in ihren schnellen Booten mit den haifischflossenähnlichen Dreiecksegeln übers Mittelmeer kamen und die Küstenbewohner drangsalierten, das waren keine Mohren-Mauren, sondern Piraten, die meist aus Algier kamen.

Ganz so schlecht ist es den Mallorquinern wohl in den 300 Jahren maurischer Herrschaft um die Jahrtausendwende nicht gegangen. Denn die Araber legten Gärten an und machten an vielen Orten aus den steinigen, armseligen Ländereien fruchtbare Felder, Oliven-, Mandel-, Orangen- und Zitronenplantagen.

Wie üppig und fruchtbar, das ist heute noch, 800 Jahre später, in den phantastischen Gärten von Alfubia und den Terrassen bei Bañalbufar zu bewundern.

Wie auf dem Festland lebten zu jener Zeit Araber, Christen und Juden ziemlich friedlich zusammen, bevor nach den christlichen Eroberungen Mallorcas Araber und Juden fliehen mußten. Einige der verfolgten Araber zogen sich auf die Burgen Alaro und

Santuari zurück, wo sie sich noch ein paar Jahre halten konnten, bis sie endgültig aufgeben mußten.
Der Sieg der Christen wird alljährlich im Juli festlich in Soller und Pollenca begangen. Die Kinder Mallorcas spielen heute noch das Fangspiel *Christinos y Moros* – das so eine Art »Räuber und Gendarm«-Spiel ist.
Wer mehr und Genaueres davon wissen will, dem seien die mallorquinischen Märchen empfohlen.*
In vielen wird von Mallorquinern erzählt, die als Sklaven nach Algier verschleppt, und von Mauren, die auf der Insel gefangen wurden.
Es hat vorher und seitdem eine ganze Reihe von Invasionen auf Mallorca gegeben – aber die folgenschwerste nach Mauren, Türken und Spaniern ist wohl die gegenwärtige, die sich seit sechzig Jahren immer noch steigernde Invasion der Touristen.
An ihr sind neben den Engländern, Franzosen, Deutschen, Skandinaviern und Holländern nun auch wieder Araber beteiligt. Jetzt aber kommen die meist immens reichen afrikanischen Besucher als Erbauer pompöser Villen, nicht als Eroberer oder *agricultores,* Landwirte.
Die gegenwärtige Invasion – gleichermaßen begrüßt und verdammt von den Insulanern – bringt Jahr für Jahr Millionen Sonnensüchtige, für die

* Fischer Verlag, TB 11129

inzwischen ganze Küstenstreifen mit Beton verschandelt worden sind.
Im Gefolge der Millionen ist natürlich auch der ganze Ramsch und Kitsch, der zum Massentourismus gehört wie Sodbrennen nach zu fettem Essen, auf die Mittelmeerinseln geschwemmt worden.
Eines der wunderschön-kitschigen Souvenirs habe ich im Verkaufskiosk oben im Kloster Santuario de San Salvador gesehen. Das war ein Plastik-Fernsehgerät in der Größe einer Zigarettenschachtel. Hinter dem Bildschirm befand sich eine daumengroße Muttergottes samt Jesuskind, die von winzigen bunten Lämpchen beleuchtet wurde, wenn man auf einen Knopf drückte. Ohne eine Miene zu verziehen, nannte der bärtige Mönch hinter dem Schiebefenster mir den Preis der Kostbarkeit, als ich danach fragte. Aber ich habe sie dann doch nicht gekauft.
Nun gut – oder schlecht: Noch ist kein Grund zur Verzweiflung! Solange es auf Mallorca noch stille Städtchen wie Santa Margarita gibt, solange es noch kleine, menschenleere Buchten zu entdecken gibt – wenn meist auch erst nach mühseliger Suche –, solange noch mehr Möwen als Baukräne kreischen, solange die Einheimischen noch ihre *matanzas,* ihre herbstlichen Schlachtfeste, für sich feiern und Fremde nur in seltenen Ausnahmefällen dazu eingeladen werden, so lange sind die Balearen nicht verloren ...

Der überraschende Gegensatz zwischen den vollgepfropften Massenzentren an der Küste, die sich besonders im Sommer deutlich von den Dörfern und Städtchen im Landesinneren abheben, gehört zu den Merkmalen Mallorcas.
Außerhalb der Saison – also von Oktober bis Mai – ist ein Tourist, oder gar ein Bus voller Touristen, in den malerischen Orten, die mehr als zehn Kilometer von der Küste entfernt sind, so selten, wie – ja, meinetwegen wie eine Colaflasche in einer Weinhandlung.

Pablo und sein "InterCity"...

MÄRZ

Der mallorquinische März gleicht etwa dem deutschen Mai, was das Wetter angeht. Aber da möchte ich mich nicht festlegen, denn ich habe auch März-Tage erlebt, an denen es novemberlich grau, kalt und naß war.

Es ist überhaupt so eine Sache mit dem Wetter auf der Insel. Nicht mal bewährte – bei uns bewährte – Bauernregeln treffen hier immer zu.

Wenn der Mond einen Hof hat, ist in den deutschen Breiten ziemlich sicher mit Regen zu rechnen. Der mallorquinische Mond kann drei Höfe haben, ohne daß anderntags ein Tropfen vom Himmel fällt. Aber wenn es regnet, regnet es hier auch anders als in Regensburg oder Recklinghausen.

Der Regen auf Mallorca fällt als Vorhang. Im Nu stehen alle Wege fußhoch unter Wasser, die Straßen werden zu strömenden Bächen, die alten *torrentes* – von der Natur seit Jahrtausenden ins Land gekerbte Abflußgräben und Schluchten – werden zu reißenden Flüssen, die sich bei besonders heftigen Güssen durch nichts ihren Weg ins Meer versperren lassen.

Es gibt keine Flüsse auf Mallorca, aber während der Regenzeit füllen sich die *torrentes* manchmal so, daß es zu Katastrophen kommt.

Bei einem besonders starken Unwetter im Frühjahr 1989 gab es sogar Todesopfer, weil unbedachte Leute in den trockenen Jahren zuvor bei Porto Colom ein mehrstöckiges Hotel in einem großen *torrente* gebaut hatten.

Der überraschende heftige Regen war so stark, daß die Wassermassen alle Sperren und Mauern in jenem *torrente* wegrissen und die Untergeschosse des neuen Hotels unter sich begruben.

Und das ging so schnell, daß sich einige Angestellte nicht mehr retten konnten und in den gefluteten Räumen ertranken.

Wir haben bei so einem Guß mal im Auto in den schmalen Gassen von Manacor gestanden. Das Wasser stieg innerhalb weniger Minuten fast einen halben Meter, und es war unmöglich auszusteigen, wenn wir nicht umgerissen werden wollten.

Zwanzig Minuten später war alles vorbei, nach einer weiteren Viertelstunde schien die Sonne wieder, als sei nichts gewesen ... nur das Land dampfte.

Noch eindrucksvoller, ja, überwältigender als die wolkenbruchartigen Regenfälle sind die Gewitter auf Mallorca, die es allerdings nicht nur im März, sondern von der Jahreszeit unabhängig immer geben kann. Meist ziehen sie im Kreise um die Insel, und der Himmel ist stundenlang von Blitzen erhellt.

Auf dem Flachdach eines Hauses am Meer haben wir einen Abend lang das irrwitzige Wetterleuchten und Blitzen rundum erlebt – als ob der Himmel in Flammen stünde ... und dazu nahes, fernes Krachen, Poltern und Grummeln und Grollen fast ohne Pause. Dann der Regen wie aus großen Eimern – und, parbleu! – kurze Zeit darauf Stille, klarer, wolkenloser Abendhimmel und etwas später Sternengeflimmer, als sei das Donnerwetter ein Alptraum gewesen.

Derartige Wetterstürze können zu bösen Überraschungen führen. Vor zwei, drei Jahren, glaub' ich, sind wir eines Nachmittags im März nach Alqueria Blanca gefahren, dem nächsten Dorf, wo es in dem Krämerladen, der sich großspurig Supermarkt – *Supermercado* – nennt, bis abends acht, halb neun vom – frischen – Hühnerei bis zur – alten – Illustrierten alles zu kaufen gibt. Anschließend an den Einkauf haben wir in einem der drei Restaurants gegessen.

Auf dem Hinweg fuhren wir durch das golden beschienene Land, aßen gemächlich bis in die

Dunkelheit, ließen uns auch vom Trommeln des plötzlichen Regens auf dem alten Dach des Restaurants nicht stören oder verunsichern, obschon es eine halbe Stunde lang heftiger trommelte als gewöhnlich – und fuhren satt, zufrieden und guter Dinge im Stockfinsteren heimwärts.

Die Straße glänzte noch naß, aber der Regen hatte aufgehört. Außer einem Polizeistreifenwagen kam uns nichts entgegen. Da dieser jedoch ohne irgendwelches Warnsignal an uns vorüberfuhr, blieben wir arg- und ahnungslos.

Doch dann – die Straße fiel ab – rauschten wir jäh in die überschwemmte Senke – vor uns, neben uns, hinter uns Wasser, schwarzes, gurgelndes Wasser ... Und wenn ich nicht mit einem Rest Geistesgegenwart sofort den Rückwärtsgang eingelegt hätte und mit zischendem, dampfendem Auspuff zum Glück noch hätte zurückfahren können, würden wir die Nacht auf der überfluteten Straße verbracht haben.

Mir ist heute noch unklar, warum uns die Polizisten, die uns entgegengekommen waren, nicht gewarnt hatten. Aber vielleicht waren sie von der Guardia Civil gewesen und für überschwemmte Straßen nicht »zuständig«.

Es gibt zwei Sorten Polizei in Spanien. Die übergeordnete staatliche heißt »Guardia Civil« und ist für alles Kriminelle und für Ordnung und Sicherheit auch im Straßenverkehr zuständig.

Die Beamten der Guardia Civil trugen noch vor wenigen Jahren jene eigenartigen, dreieckigen Lackhelme, die *tricornia* heißen, und sahen darunter besonders martialisch aus.
Es ist üblich, sie in anderen als ihren Heimatbezirken einzusetzen, um zu enge Bindungen an die einheimische Bevölkerung zu vermeiden. Deshalb sind die meisten Guardia-Civil-Polizisten auf Mallorca Männer vom Festland – und sie halten und pflegen betont die Distanz zu den Insulanern, gelten als streng und unbestechlich und wirken ernst und oft so humorlos, als wären sie Preußen.
Die andere Sorte Polizei ist die *Policia Municipal,* die Ortspolizei, die dem jeweiligen *Ayuntamiento,* dem Rathaus und also dem *Alkalden,* dem Bürgermeister, untersteht. Sie sperrt Straßen bei Unfällen und Festen, überwacht Märkte, Strände und große Sportveranstaltungen, wie zum Beispiel die beliebten Straßenrennen der Radfahrer, und paßt auf, daß während der heiligen Sonntagsmesse keiner seinen Laden geöffnet hält und irgendwas verkauft.

An jenem Abend sind wir auf einer anderen, höher gelegenen Straße heimgefahren und haben der Versuchung widerstanden, die Polizei anzurufen und uns über die unterlassene Warnung zu beschweren.
Wir haben es nicht getan, weil erstens nicht klar war, welche Polizei hätte gerügt werden müssen,

zweitens, weil unsere Sprachkenntnisse für Lob und Dank, aber nicht für Ärger und Schimpfen ausreichten und – weil es drittens sowieso keinen Zweck gehabt hätte, denn mallorquinische Ordnungshüter sind beinahe noch unerschütterlicher und manchmal arroganter als die bundesrepublikanischen.

Ja, sicher, es gibt auch Ausnahmen – hier wie dort. Einmal habe ich sogar einen Guardia-Civil-Offizier lächeln sehen. Das war, als Pablo, unser Freund, der Taxifahrer, während er auf irgendwelche Fahrgäste wartete, die er zum Flughafen bringen sollte, aus dem schon verstauten Gepäck eine Gitarre nahm und, den Fuß auf ein Rad gestellt, mit seinen dicken Fingern erstaunlich gute, flirrende Läufe spielte.

Ich glaube nicht, daß der Offizier über Pablos Gitarrenspiel lächelte, es werden eher die ratlos blickenden drei Ausländer – eine Frau, zwei Männer – gewesen sein, die nervös auf ihre Uhren guckten und zum Flugplatz wollten und auf alles andere eingestellt waren als auf ein Solokonzert.

Apropos Pablo: Pablo ist ein dicker Mann in den Fünfzigern, eigentlich Tischler, genauer Kunsttischler, aber davon könnte er nicht leben, denn wer läßt sich heute noch ein Himmelbett drechseln oder einen Stuhl?

Deshalb hat Pablo vor Jahren die *Garaje Pablo* aufgezogen, vermietet Autos, fährt Taxi und ist seit zwei Jahren stolzer Besitzer des schon erwähnten kleinen bunten Zuges, der Touristen von Porto Petro aus zu den Badebuchten und wieder zurückkarrt.

Pablo, der Gitarrist, Kunsttischler, Autoverleiher, Taxifahrer und Zugunternehmer, ist aber vor allem anderen eins: Er ist der Ehemann von Marguerita.

Die zwei haben ein schönes altes Haus gegenüber der Kirche von Alqueria Blanca. Eine steile schmale Steintreppe führt hinauf in den großen Wohnraum mit schönen Möbeln. Dort leben die beiden im Winter.

Den Sommer verbringen sie in der Garage in Porto Petro – oder in einem der Taxis, um Leute überallhin zu kutschieren.

Marguerita hat unter Freunden und Bekannten den Spitznamen *Radio Porto Petro*.

Das ist liebevoll und freundlich gemeint, und es trifft aufs Haar, denn sie weiß alles, kennt alle, hat über jeden und jedes gründliche – oft auch hintergründige – Informationen und ist nie um Rat verlegen.

Ob du wissen willst, wer dir Schuhe besohlt, ob du den Namen des Fischers erfahren möchtest, der – wenn er will – mal jemanden mit hinaus zum Fang nimmt, ob dein Kühlschrank kaputt ist, dein Telefon Wackelkontakt hat, dein Hund ein Flohhalsband braucht ... wo es die beste *coca albaricoques* – Aprikosenkuchen – gibt, wann – was – wo – wer ... Nach allem kannst du Marguerita fragen, und in

neuneinhalb von zehn Fällen kriegst du Auskunft und Hilfe.
Vor zwei, drei Jahren hatte ich im März mal meine Umhängetasche mit Geld und allen Papieren in einem Laden in Felanitx – fünfundzwanzig Kilometer entfernt – liegenlassen, wo wir uns Möbel angesehen hatten.
Erst auf dem Heimweg, nicht weit von Margueritas Haus, entdeckte ich den Verlust. Es war ein schlimmer Verlust, und ich sah mich in Gedanken schon von Amt zu Amt laufen, um mühsam meinen Paß, meinen Führerschein, meine Scheckkarte und so weiter wiederzubeschaffen.
Als ich den Verlust entdeckte, war es abends nach acht, schon dunkel.
»*Tranquilo* (»immer mit der Ruhe!«), *Señor Martin!*« sagte Marguerita nur beruhigend, als ich ziemlich aufgeregt an ihre Tür geklopft und berichtet hatte. Dann ging sie an ihr Telefon, wählte die Nummer eines ihrer hundert Freunde, eines Polizisten in der Nachbarschaft, sprach kurz und laut auf mallorquin mit ihm, was ich wieder mal nicht verstand und wahrscheinlich auch nie verstehen werde, sah mich lächelnd über die Schulter an, während sie telefonierte, legte schließlich auf und erklärte, nun müßten wir warten, die Caballeros in Felanitx würden sich kümmern, »*... no problema, Señor Martin!*«
Wir saßen um die *mesa camilla,* den Tisch mit dem Fußwärmer, der aber nicht angezündet war – im

März, aber nein, das ist ein Möbel für den Winter – und fröstelten.
Auf dem Vertiko stand zwischen vielerlei Nippes, Mitbringsel von Kunden und Freunden, ein Foto von Marguerita als junge Frau. Sie muß mal eine richtige spanische Schönheit gewesen sein. Ein bißchen was, so einen Hauch Hochmut, hat sie heute noch davon, wenn sie mich korrigiert: *»Estamos, Señor Martin, no – nosotros son, comprende?«*
»Jaja, *sisi!*« sage ich dann nickend und nehme mir fest vor, es nun endlich zu behalten.
Da klingelte das Telefon, Marguerita sagte: *»Digame!«* – »Sprechen Sie!« – und parlierte schnell und wieder sehr laut mit dem Anrufer und lachte mir zu. Die Herren hatten meine Tasche gefunden und sichergestellt.
»Ja!«
Der Laden, in dem ich sie hatte liegenlassen, war zwar schon geschlossen, aber die Polizisten wußten, daß der Besitzer obendrüber wohnt, hatten ihn rausgeklopft und die Tasche aus dem Verkaufsraum geholt.
»Ja ... alles *claro!*«
Aber nun wurde es schwierig, denn sie wollten alle zu einer Fiesta nach Porto Colom, da würde in der und der Bar der Geburtstag eines Kollegen gefeiert – alle Polizisten waren eingeladen ... ja! Und es sei schon besser, wenn ich mir dort meine Tasche abholte!

In dem Moment, als Marguerita mir das berichtete – nebenbei den Polizeicaballero noch in der Leitung –, kam Pablo nach Hause.
Kurzer Wortwechsel. Pablo sagte: »Da fahren wir gleich hin! *Vamos!*« Ich würde das alleine nicht finden, schon gar nicht im Dunkeln, er führe uns hin.
Und Marguerita kam auch mit.
So geschah es, daß wir zu viert noch mal achtzehn oder zwanzig Kilometer durch die Dunkelheit fuhren, den leeren Hafenort Porto Colom erreichten, in der einzig erleuchteten Bar ein Dutzend Polizisten fanden, die mir meine kostbare Umhängetasche lachend aushändigten – ohne Formulare, Protokoll, Ausweiskontrolle, einfach nur so – und die es ablehnten, irgendwas dafür zu nehmen, gut, Señor, eine Runde Bier, *gracias,* ist aber nicht notwendig! *Adios!*
Ich hatte meine Papiere, mein Geld wieder. Als ich nach der Rückkehr Marguerita und Pablo bezahlen wollte, wurden sie beinahe böse. Das sei doch ein Freundschaftsdienst, und so was bezahle man auf Mallorca nicht, verstanden, Señor Martin!?
Es ist eine eigene Sache mit dem Stolz auf Mallorca. »Stolz will ich den Spanier«, heißt es bei Schiller, und damit hat er recht behalten. Schon das Männergehabe, das zum Stierkampf gehört, ist eine Stolz-Variante, die in unseren Breiten kaum vorkommt. Sie darf aber nicht in die Schub-

lade gesteckt werden, auf der »Eitelkeit« steht. Der mallorquinische Stolz hat was mit Selbstbewußtsein zu tun, mit *noli me tangere,* auch mit Skepsis – nein, nicht Mißtrauen, sondern Zurückhaltung.
Seltsam: Auch da sehe ich Parallelen zu den Menschen in Ostfriesland, wo ich nach dem Krieg neun Jahre gelebt habe.
Dort wie hier ist mit Schmeichelei und Süßholzraspeln eher Verachtung zu ernten als Zuneigung oder gar Freundschaft. Und hier wie dort kann man ganz fürchterlich ins Fettnäpfchen treten, wenn man jemandem, der einem aus Freundschaft was Gutes tut, Belohnung dafür anbietet.
Als wir unser Häuschen bauten und die Terrasse mit den schönen, unregelmäßig geformten Steinplatten belegen lassen wollten, gab es weit und breit keine *piedras santanyí,* wie die Steine heißen, weil sie in Santanyí aus Kalkstein geschnitten werden. Es war zum Verzweifeln, denn die Männer, die das machen sollten, waren fest bestellt – und es würde teuren Leerlauf geben, wenn die Steine nicht da wären. Zu allem Unglück stand ein Wochenende bevor, am Montag früh sollte die Arbeit beginnen – wir hatten keine Steinplatten ... und am Sonntag welche zu kriegen war so hoffnungs- und aussichtslos wie ein Lottogewinn. Denn Sonntag ist absoluter Feiertag.
Da trafen wir in der Bar »Caracola« am Hafen von

Porto Petro zufällig den Lastwagenbesitzer Miguel, der für uns schon diese und jene Fuhre gefahren hatte. Miguel ist ein immer fröhlicher, dunkellockiger Mittvierziger. Er hat eine hübsche Wohnung am Hafen, eine noch hübschere, gescheite Frau, und er kann – wenn es unbedingt sein muß – arbeiten wie ein Ackergaul. Vor zwei oder drei Jahren ist er beispielsweise mit seinem *Camión,* einem Fünftonner, zwölf Nächte lang jede Nacht zehnmal vom Inselinneren zu einer Villa an der Küste gefahren, um gutes Wasser für den neuen Swimmingpool eines Reichen aus Kuwait zu beschaffen.
Diesen Miguel also trafen wir in der *Bar* und klagten ihm unser Leid mit den fehlenden Steinen.
»Oh, da weiß ich was!« sagte er und erzählte, daß er gerade vor kurzem eine Ladung *piedras santanyí* zu einem Hotelneubau gebracht habe, und daß die jetzt gar nicht weiterbauen könnten – ich weiß nicht mehr, warum. Und er würde gleich anrufen und fragen, und wenn die einverstanden wären, würde er die Steine abholen und uns bringen.
»Wann?« – »Morgen früh!« – »Am Sonntag?« – »*Claro,* denn die Männer sollen ja Montagmorgen weiterarbeiten, nicht wahr!«
Das war sensationell – und wir reagierten entsprechend überrascht-begeistert. Miguel brachte tatsächlich am Sonntagmorgen sechs Paletten Stein-

platten. Ich bezahlte sie ihm und den Transport und wollte noch dreitausend Peseten als Dankeschön drauflegen – aber da verfinsterte sich sein Gesicht, und er sagte das gleiche wie Pablo und Marguerita: »*No, Señor,* Freundschaft bezahlt man nicht auf Mallorca!«
»Aber ich möchte dir gern eine Freude machen, Miguel!« erklärte ich. Da grinste er und sagte: *»Un beso de su mujer es sufficiente!«* – »Ein Kuß von deiner Frau ist genug!« Und da gab meine Frau ihm einen Kuß – und alle waren's zufrieden!

*

Porto Colom, von dem wir bei der sympathischen »Polizeiaktion« im Dunklen nichts gesehen hatten, ist einer der schönsten Häfen an der Südostseite Mallorcas. Alle mallorquinischen Häfen sind von den Dörfern getrennt – das hat noch mit der Furcht vor den Moros und der Gefahr zu tun, die überhaupt vom Meer ausgeht.
Aber es gibt in den Dörfern kaum einen Einwohner ohne Boot. Das am häufigsten vertretene ist die sogenannte *llaut,* ein kleiner Kutter. Noch jetzt sieht man bei ruhigem Wetter Männer mit Angeln über Bord oder Familien mit Picknickkörben und -flaschen an Fest- und Sonntagen die Küste entlangtuckern.
Ein außerordentlich pittoresker Hafen voller *llauts*

und Fischerboote ist Cala Figuera, eine so malerische Ecke, daß ich sie nie malen würde ...
Die schmale, weit ins Land hineinreichende Bucht Cala Figuera gleicht – im kleinen – einem Fjord und ist, was den Tourismus anbetrifft, fest in deutscher Hand. Nahezu alle Ferienwohnungen in den Hochhäusern an der westlichen Kante gehören Deutschen. In den sechs bis acht Restaurants wird deutsch gesprochen, es gibt einen deutschen Kunstmaler, der gefällige Bildchen und Zeichnungen fertigt und verkauft, und es kann einem sogar mitten im Winter passieren, daß vom Nebentisch rheinische oder hamburgische Laute zu hören sind.
Die Fischer aber, deren Boote an den hölzernen Schlängeln längs der Bucht vertäut liegen, sind Mallorquiner, richtige Seeleute, denen nur die Pudelmütze fehlt, um mit einem aus Norddeich oder Büsum verwechselt zu werden. Doch das, was sie fangen und aus ihren Netzen an Land kippen, ist unverwechselbar, weil die Fische und »Meeresfrüchte« anders aussehen als die Fänge der Friesen. Da sind merkwürdig geformte Fische darunter: Tintenfische mit halbmeterlangen Fangarmen, Langusten, stachlige Seeteufel und allerlei rote und blaue Fische, deren Namen ich nicht weiß.
Wir sind mal am Hafen von Cala Figuera entlanggeschlendert, als gerade einige der Fischerboote

landeten, und da gab es plötzlich heftige Aufregung unter den Männern: Geschrei kam auf, die Fischer rannten und sprangen und griffen nach Stangen, Rudern und Haken.
Aus einem der Netze war eine anderthalbmeterlange Muräne mit den Fischen auf die Steinplatten gekippt worden – und das Biest glitt zähnefletschend, ja, wirklich zähnefletschend auf die schreienden, wild fuchtelnden Männer zu, die offenbar höllischen Respekt vor dem Viech hatten. Es dauerte wohl eine gute Viertelstunde, bis die Muräne erledigt und außer Gefecht gesetzt war. Ich habe mir erzählen lassen, daß ein Muränenbiß halbe Gliedmaßen abtrennen kann und noch dazu giftig sei.
Aber das Fleisch des aalartigen Raubfisches, sagte mir der Fischer, sei delikat.
Von den alten Römern wird berichtet, daß sie die Muränen, die sie für ihre Küche züchteten und als Leckerbissen sehr schätzten, mit dem Fleisch junger Sklaven gefüttert haben. Guten Appetit!

Aber noch ein kurzer Anhang zum Regen: Nach starken Regengüssen gehen die Mallorquiner übrigens (nicht nur im März) die Steinmauern entlang und sammeln – meist im Dunklen mit Taschenlampen – die begehrten Schnecken, die dann aus den Feldrainen und Steinfugen gekrochen kommen. Sie werden in Säcken gesammelt, die Säcke wer-

den eine Weile aufgehängt, und gute Köchinnen füttern die Schnecken so lange mit Mehl, bis ihr Kot weiß ist. Dann kriegen sie noch ausgesuchte Kräuter – und landen im Kochtopf. Sie sind eine sehr beliebte Mahlzeit – nicht nur ein halbes oder ganzes Dutzend gibt's pro Person, sondern einen Riesenhaufen. Das gilt als Vorspeise, macht aber meist schon so satt, daß an weiteres Essen kaum zu denken ist.
In den Fincas und großen Gutshöfen sieht man hie und da noch einen Schneckenschrank. Das ist ein hölzerner Kasten an der Wand, hinter dessen Gittertür die gesammelten Schnecken gefüttert wurden.
Ich habe so einen Schneckenschrank, neben vielen anderen interessanten Gegenständen aus mallorquinischen Haushalten und Werkstätten, in der Küche in »La Granja« gesehen.
La Granja ist überhaupt sehenswert und eine Fundgrube für Mallorca-Freunde. Es ist ein mehr als 800 Jahre altes Landgut auf dem Weg nach Bañalbufar hinter dem schönen Ort Esporles.
1239 wurde das Gut von Mönchen des Zisterzienserordens übernommen und ist heute ein großartiges Freilichtmuseum. Alte Wohn- und Wirtschaftsräume, Werkstätten (sogar eine alte Folterkammer und Kapelle) sind dort zu sehen. In den Werkstätten kann an bestimmten Tagen Kunsthandwerkern bei der Arbeit zugeschaut werden, es gibt mallorquini-

sches Gebäck zu essen und mehrere Sorten Muskatell zu probieren. Kurzum – von den Touristenattraktionen ist meiner Meinung nach La Granja die lohnendste, weil da nicht nur zu staunen, sondern auch eine Menge zu lernen ist.

Santanyi
TELEGRAFOS
XIII

APRIL

Wenn der März zu Ende geht, wird Tomeos Bezirk langsam größer. Tomeo ist der Postbote, richtiger der Posthalter, Postmeister in Alqueria Blanca – kurzum: Tomeo ist die Post!

Er ist ein imponierender Mann, imponierend nicht im Sinne von imposant, majestätisch, Achtung gebietend, dazu ist er zu zierlich, zu nett und zu bescheiden.

Er ist imponierend wegen der Fülle seiner Aufgaben, wegen der Selbstverständlichkeit, mit der er sie bewältigt, und der fröhlichen Gelassenheit, die er ausstrahlt, ganz gleich, ob er Briefe und Päckchen kilometerweit austrägt oder ob er hinter der Theke seines Restaurants Bier zapft oder Wein ausschenkt oder ob er fischt, sein Land bestellt oder ob er – ja, auch das – in der Kirche die Orgel spielt.

Anfangs, als ich von den vielfältigen Funktionen Tomeos noch nichts wußte, habe ich ihm, wenn er Post brachte, ab und zu mal ein Trinkgeld gegeben, wie ich es bei unseren Briefträgern in Deutschland auch mache.
Tomeo hat mich beim erstenmal überrascht angesehen und hat dann und auch später die Münzen mit einem »*Gracias!*« weggesteckt. Inzwischen weiß ich, daß er ein reicher Mann ist, was ich ihm von Herzen gönne, und ich schenke ihm zum Dreikönigsfest jedes Jahr eine besonders gute Flasche Wein als Dankeschön für seine Zuverlässigkeit.
Möglich, daß er im Keller unter seinem Restaurant viele Flaschen noch besseren Wein liegen hat, doch irgendwie möchte ich ihm meine Sympathie zeigen – und an einem Buch aus meiner »Eigenproduktion« hätte er keinen Spaß, denn er spricht nur sieben Worte Deutsch.
Für mich ist der *cartero,* der Postbote Tomeo, neben allem anderen auch so eine Art Lotse durchs Land. Ohne ihn hätte ich nur schwer die Schönheit und alles Ungewöhnliche entdecken können, das in den schmalen Gassen Alqueria Blancas, hinter den zugeschotteten Türen und Fenstern, in den versteckten Höfen und Gärten des Dorfes und seiner Umgebung zu finden ist.
Ich wäre wahrscheinlich nie in die Fincas gekommen, die rundum an den Berghängen und in den

Tälern verstreut liegen, zum Teil nur auf Wegen erreichbar, die ausgetrockneten Bachbetten gleichen, außerordentlich malerische, kleine Höfe, aus dem gelb-rot-braunen Stein gebaut, der die Farbe der Landschaft beherrscht.

Im Inneren der Insel sind aber auch imponierende, schloßartige Besitze zu finden, die den Reichen des Landes gehören und oft auf Hügeln thronen, wo sie, von Zypressen flankiert, weit – und schon baulich von oben herab – übers Land schauen. Ich bin nicht sicher, ob diese Güter auf Mallorca *Haciendas* heißen, wie sie in Spanien genannt werden – und ich habe es auch nicht zuverlässig erfahren können. Daß sie jedoch eine Stufe höher als die Fincas rangieren, ist klar. Schon an den meist sehr großen, steinmetzverzierten Portalen, an der Höhe der Gebäude und an den parkähnlichen Gärten ringsum ist der Unterschied zu den Bauernhöfen, den Fincas, zu sehen.

Es ist mir in all den Jahren nur einmal gelungen, in so einen Palast zu kommen. Das war, als ich mit einer Pressefotografin, die für eine Illustrierte Fotos zu einer Reportage machen sollte, dort Einlaß erbeten hatte und erhielt. Das war eine sehr aufregende Überraschung, denn ich hatte zwar einiges an Luxus erwartet, aber nicht in solchem Ausmaß und gewiß nicht so stilvoll und kostbar.

Die Dame des Hauses – nennen wir sie mal Donna

Eulalia – erwartete uns im Wintergarten, der die ganze Ostseite des Gebäudes einnahm. Wir wurden von einer hageren, ganz in Schwarz gekleideten Frau dorthin geführt, die geräuschlos vor uns die lange, marmorbelegte Galerie entlangschwebte, in der es leise nach Rotwein, Mottenpulver und Weihrauch roch. Ich nenne den Flur »Galerie«, weil links und rechts im spärlichen Licht Gemälde von verflossenen Adligen hingen, in großer Robe die Damen, in Galauniform die Herren, alle sehr ernst und hochmütig dreinblickend, soweit das auf den nachgedunkelten Ölbildern zu erkennen war. Zwischen den Gemälden standen auf silbernen und Ebenholzkonsolen Leuchter und Schalen und Stutzuhren und Figuren aus Metall (Edelmetall natürlich), Holz oder Porzellan.

Als die Schwarzgekleidete am Ende des Ganges eine Schiebetür öffnete, schlug uns Treibhausatmosphäre und flimmerndes Licht entgegen. Das war der Wintergarten, und darin saß, ganz in Weiß, neben einem kleinen Springbrunnen Donna Eulalia auf einer Korb-Ottomane und schenkte uns ein Kopfnicken, ein Lächeln und eine einladende Geste, Platz zu nehmen.

Die Pflanzen ringsum waren überwältigend. Wohin man blickte, hunderterlei Grün in tausenderlei Formen, dazwischen rote und weiße Blüten, Schlingpflanzengewirr, Luftwurzeln – fehlten nur noch kreischende Papageien oder keckernde Äffchen; über

eine Riesenschlange hätte ich mich kaum gewundert.
Donna Eulalia war sehr freundlich. Sie ließ Limonade kommen und sprach, als sie merkte, daß es mit unseren Spanischkenntnissen nicht so weit her war, englisch mit uns, gab bereitwillig Antwort auf meine Fragen und führte uns schließlich sogar durch das Erdgeschoß des großen Hauses, in dem die Bibliothek, zwei Wohnräume, ein Eßzimmer, ein Saal für größere Gesellschaften und die Küche mit allen Nebengelassen war.
Ich würde zehn Seiten brauchen, um detailliert zu schildern, was es da an edlen Gerätschaften, schönen alten Möbeln, erlesenen Kunstgegenständen zu sehen gab – und das alles, obwohl aus den unterschiedlichsten Kulturen und Epochen zusammengetragen, paßte, da es mit Gespür und Geschmack ausgesucht war, großartig zusammen und hat mich außerordentlich beeindruckt.
Ob ich da leben möchte, ist eine andere Frage ...
Es ist bedauerlich, daß der »normale« Tourist nur selten eine Chance hat, ins Innere eines der mallorquinischen Häuser zu gelangen. Vielleicht gelingt mal ein Blick in einen der Patios, der Innenhöfe, aber Küche, Wohnzimmer, Schlafraum bleiben dem Fremden verschlossen.
Auch das hat mit dem Stolz, der Unnahbarkeit zu tun, wovon schon die Rede war, und ist schade.
Denn ich bin sicher, es würde auch die Ansicht und

Einstellung vieler Besucher Mallorcas ändern, nach der die Einheimischen einfache und arme Leute sind.
Für mich war es jedenfalls eine echte Überraschung, als ich vor ein paar Jahren zum erstenmal durch Tomeos Vermittlung Gelegenheit hatte, das Haus eines *payes*, eines Bauern auf dem Lande, zu betreten.
Ja, gewiß, der alte Andres besitzt ein paar hundert Hektar Land und ist nach deutschen Maßstäben ein Großgrundbesitzer. Aber das Land hier ist mit unserem nicht zu vergleichen.
Wenn darauf Mandel- oder Oliven- oder Johannisbrotbäume stehen, vielleicht noch ein paar Aprikosen-, Feigen-, Zitronenbäume, dann ist es schon ein reiches Land. Und die Mandeln, Oliven oder das Johannisbrot sind heute auch nicht mehr das, was sie noch vor einem Dutzend Jahren waren.
Früher, vor und noch etwa während der Franco-Herrschaft (die übrigens auch ein Kapitel – und zwar kein sehr ruhmvolles – ist), früher also vererbten die mallorquinischen Landwirte ihren Erstgeborenen und/oder den gut geratenen Kindern Landbesitz im Inneren der Insel.
Die felsigen oder sandigen Küstenstreifen bekamen die Töchter oder die zweiten, dritten oder weiteren Söhne und diejenigen, die in andere als bäuerliche Berufe strebten oder sonst aus dem Rahmen fielen.

Inzwischen sind die bevorzugten Erben die benachteiligten, weil die ehedem nutzlosen Küstenstreifen durch den Tourismus zu goldenen Böden geworden sind. Ein Quadratmeter Land am Meer kostet – wenn es überhaupt noch zu kriegen ist – so viel wie in der City einer deutschen Stadt.
Aber zurück zum Haus des alten Andres, das mich so überrascht hat.
Von außen sieht es ebenso nach nichts, ja beinahe schäbig aus, wie fast alle Häuser auf dem Lande. Der erdbraune Putz ist bröckelig und fleckig, die hölzernen Läden vor Fenstern und Türen machen den Eindruck, als ob sie unbedingt frischen Anstrich nötig hätten oder überhaupt einmal erneuert werden müßten.
Die alte, aus Natursteinen geschichtete Mauer, die den Hof einschließt, wirkt zwar stabil, aber eher ärmlich, und der Kettenvorhang, der vor der Haustür hängt, ist auch nicht gerade ein Schmuckstück. Doch als mir Andres' Frau Maria auf das Hämmern des Türklopfers hin öffnete und mich einzutreten bat, habe ich meinen Augen nicht getraut.
Im Dämmerlicht des großen Raumes, in dem ich mich befand, standen sechs sehr schöne Stühle mit hohen, gedrechselten Lehnen, aufgereiht an der linken Wand, je drei links und rechts neben einer Art Anrichte, über der ein zwei Quadratmeter großes, dunkles Ölbild in wunderbarem vergoldetem Barockrahmen hing: ein sehr eindrucksvolles,

dunkles, altes Gemälde, auf dem – kaum zu erkennen – die Kreuzigung Christi in der Malweise Tizians oder Rubens' dargestellt war.
Vor dem Bild, auf der Marmorplatte der geschnitzten Kommode, funkelten im Licht, das durch die Tür hinter mir und durch eine zweite, offengebliebene Tür an der gegenüberliegenden Wand fiel, zwei schwere silberne Leuchter mit je fünf Kerzen und eine goldene oder vergoldete Schale in Form einer offenen Muschel, auf der Wachsfrüchte lagen. Auch der Fußboden war aus Marmor, und zwar als Mosaik aus schwarzen, hellgrauen und rosafarbenen Platten, die einen großen Stern bildeten, der von Wand zu Wand reichte.
Allein das: Gemälde, Leuchter, Obstschale, Stühle und Fußboden waren so überraschend schön und deutlich kostbar, daß ich verwirrt zu träumen glaubte.
Andres' Frau brachte mich mit der freundlichen Aufforderung, Platz zu nehmen, zur Besinnung. Sie würde ihren Mann gleich holen. Ich setzte mich auf einen der hochlehnigen Stühle, stellte gleich fest, daß man schlecht darauf sitzen konnte, und sah mich um, als Maria verschwunden war.
An der Wand zu meiner Linken befand sich ein hoher Schrank, dessen zum Teil verglaste Türen mit der gleichen Schnitzerei verziert waren wie die Anrichte. Hinter den Glasscheiben standen ein paar Bücher mit goldbedruckten Lederrücken, offenbar

ebensowenig benutzt wie die ebenso goldbedruckten Halblederbände in deutschen »guten Stuben«.
Daneben waren Familienfotos aufgestellt und dazwischen die weltweit üblichen Souvenirs: ein versilberter Eiffelturm, eine bunte gipserne Madonna mit Christuskind auf dem Schoß und goldener Gloriole ... ein Bierkrug aus Steingut und so weiter.
Rechts vom Schrank hingen vier silbern gerahmte Urkunden für irgendwelche Leistungen der Söhne und Töchter des Bauern, und links lehnte eine Gitarre in der Ecke, die sehr schön aussah und mit ihren Intarsien aus edlem Holz bestimmt nicht billig gewesen war.
Als der alte Andres kam, mich begrüßte, die eine Schranktür öffnete, zwei Gläser von erlesener Form und eine Bleikristallkaraffe mit dunklem Likör herausnahm, wurde mir der eigentümliche Kontrast noch deutlicher: Da hantierte ein alter Mann in verschossenem, geflicktem Drillichzeug.
Mit seinen groben, großen Bauernhänden stellte er kostbare Gefäße auf die wundervoll gemaserte Marmorplatte eines kaum schätzbar wertvollen Tisches, und das mit einer Selbstverständlichkeit, als täte er nie etwas anderes.
Wie er da stand, sich dann mir gegenüber setzte und mich aus schwarzen Augen lächelnd ansah, graue Fransenfrisur über dem gegerbten, braunen

Gesicht, schiefe, brüchige Zähne und einen zerschlissenen Hemdkragen um den faltigen Hals – da sah er aus, als hätte er ein paar Peseten nötig, um sich ein Stück Brot zu kaufen ... Und dabei war er mit Sicherheit reicher als mancher, der geprägte Visitenkarten verteilt.

*

Ich gebe es gern zu: Ohne Tomeo hätte ich wenig oder nichts davon gefunden, erfahren und gesehen.
Ich hätte weiterhin im Dorf nur die malerischen Winkel bewundert und nicht geahnt, daß zum Beispiel hinter einer der braunen Fassaden Maria, die Frau des Schreiners, lebt und lustige Landschaften malt – nur für sich, nur aus Spaß an der Freude.
Ich wäre ohne Tomeo auch nie auf den Gedanken gekommen, in Juan, dem untersetzten Mann mit dem gegerbten, gekerbten Gesicht, einen Weisen zu finden.
Juan, der allein mit seinen hornigen Händen und einem Hammer meterhohe Mauern aus Natursteinen baut, die ohne Zement stabil sind wie Betonwände – aber viel schöner anzusehen.
Das muß man gesehen haben, um es zu glauben: Wie der untersetzte Weißhaarige aus dem mannshohen Steinhaufen, den er hat ankarren lassen, Stein für Stein nimmt, drehend prüft, verwirft oder

in die Lücke paßt, festklopft, verkeilt ... ohne sich zu irren, und wie daraus ein braunbuntes, mitunter zwei bis drei Meter hohes Gebäude oder Gebilde wird, das fest steht, als sei es gewachsen.
Und man muß den meist Schweigsamen hören, wenn er mal was sagt.
»*Demasiado rapido!*« sagte er, als ein Junge auf einem Mofa vorbeiknatterte. »Zu schnell! Alles ist heute zu schnell, Señor! Die Welt wird an ihrer *rapidez* – Geschwindigkeit – zugrunde gehen, *verémos,* wir werden es sehen!« So was sagt er, trinkt einen Schluck Wein aus seiner Kalebasse und sucht sorgfältig den nächsten Stein aus für die bunte Mauer, die eine über und über blühende Aprilwiese – Mohn, Margeriten, Hahnenfuß, rot-weiß-gelb auf grünem Grund – begrenzen soll, damit die Schafe nicht auf die Straße laufen.
Ohne Tomeo, der mir erlaubt hat, ihn auf einer seiner Postbotentouren zu begleiten, wäre ich auch nicht in die Schmiede- und Schlosserwerkstatt von Salvador geraten.
Das ist eine richtig rußige Werkstatt mit offenem Feuer, mit Amboß, auf dem glühendes Eisen gehämmert wird, mit dem stämmigen, alten Salvador, der täglich eine Zeitung kriegt, eine vom Festland, denn er liest außer dem Lokalblättchen auch noch ein überregionales Blatt, weil er ein politisch interessierter Mann ist und weil er wissen will, was in der Welt passiert.

Und dann diskutiert er mit den anderen Männern des Dorfes, wenn sie bei Einbruch der Dämmerung vor der *Bar* an der Plaza neben der Kirche sitzen und ihren Wein oder *café cortado* trinken. Und Juan sitzt auch dabei und sagt: *»Demasiado rapido, amigos!«*

Auch zu den Aussteigern, die von der Hippie-Zeit übriggeblieben sind, nicht alt werden wollende Frauen und Männer, die auf mehr oder minder verwahrlosten Fincas hausen, bringt Tomeo manchmal Post und fragt sich, wie alle im Dorf, wovon die eigentlich leben und ob sie glücklich sind mit ihren langen Haaren, Schlotterklamotten, Bärten und klapprigen Motorrädern.

Es sind Deutsche, Engländer, Franzosen, meist zwischen Mitte Dreißig und Mitte Vierzig. Manchmal findet man magere junge Mädchen dazwischen, die entweder meterlange Haare oder zentimeterkurze, an Webpelz erinnernde Frisuren tragen.

Die Männer haben fast alle Bärte, bei einigen sieht man nur noch Augen und Nase. Wenn sie neben einem im Laden stehen oder in der Kneipe sitzen, weht gelegentlich ein Hauch Haschischduft und der Geruch von Knoblauch herüber.

Was mich an ihnen irritiert, ist die Inkonsequenz ihrer Lebensführung. Sie tun und reden, als wären sie Jean-Jacques Rousseaus Jünger – zurück zur Natur! –, aber sie rauchen, trinken, sind mehr oder minder drogenabhängig, und sie nutzen die Technik der Zivilisation, die Autos und Motorräder, als sei dies das einfache, das antizivilisatorische Leben, das sie sich zum Ideal gewählt haben. Sie sehen nicht aus, als ob sie für dieses Ideal – oder überhaupt für irgendwas – zu Verzicht oder gar zu kämpfen bereit wären.

Auf den Märkten bieten sie Töpferwaren, Schnitzereien, Antiquitäten oder Schmuck aus Silberdraht an – ob sie davon existieren können, weiß ich nicht.

Für die Mallorquiner sind und bleiben sie wohl fast alle Fremde, gelten als *Gitanos* – Zigeuner – und werden mißtrauisch geduldet.

*

Nach den ersten zwei oder drei Stunden Postrunde, auf die ich ihn einmal begleiten durfte, lud mich Tomeo zum zweiten Frühstück in sein Restaurant in Alqueria Blanca ein.

Wir aßen frische *ensaimadas,* die wir in Milchkaffee tauchten, am Familientisch neben der Tür zur Küche, aus der Apollonia uns noch Tortillas und Oliven brachte.

Aus dem Lautsprecher klang ein Mozart-Klavierkonzert, das Maria, Tomeos Tochter, aufgelegt hatte.

Maria, die sehr hübsch ist und früher eigentlich Pianistin werden wollte, hat vor kurzem Ricardo geheiratet und will ihre Träume leider nicht mehr verwirklichen.

Maria also ist ebenso musikalisch wie ihr Vater. Sie vertritt ihn manchmal in der Kirche an der Orgel, und ich weiß wirklich nicht, wer besser spielt, die Tochter oder der Vater.

Johann Sebastian Bach, glaube ich, hätte an beider Interpretation seiner Fugen und Toccaten helle Freude, so frei und fröhlich musizieren sie.

Nach dem Frühstück fuhren wir wieder los.

Zehn Autominuten entfernt, diesmal in südlicher Richtung, an der steinigen Steilküste, die von einem Pinienwald wie von einem Pelzkragen umgeben ist, steht direkt am Meer ... über dem Meer ... eine Reihe blendend weißer Bungalows. Dort residieren reiche Franzosen, ein paar Dänen, Engländer und Deutsche. Einige der im Ibizenco-, also Zuckerwürfelstil gebauten Häuser sind fulminant und mit all dem Schnickschnack aus Schmiedeeisen und Majolica-Kacheln, Bogengängen und überflüssigen Dächelchen verziert, die überall in der Welt die Begleiterscheinung geschmacksunsicherer Wohlhabenheit ist.

Die Häuser haben alle Namen: *Gaviota* = Möwe oder *Caracola* = Schnecke oder *Casa Blanca* = weißes Haus.

Im Winter stehen sie leer und sind rundum verriegelt. Tomeo muß nur in jene Post bringen, deren Besitzer länger oder gar das ganze Jahr dort leben. Das ist eine andere Sorte Aussteiger als die Althippies. Es sind meist ältere Leute, die dem mitteleuropäischen Konsumterror und Wechselwetter entflohen sind und hier ihre Tantiemen, Pensionen oder Zinsen verzehren. Ein paar echt Prominente gehören dazu: ein berühmter dänischer Architekt, der sich bereits drei Häuser auf Mallorca gebaut hat, interessante, sehr eigenwillige Häuser, an denen wir nach der ersten Verblüffung Gefallen fanden, ein französischer Musiker, der mit seiner Bach-Trompete Weltruhm erlangt hat, und viele andere. Eine ganze Reihe Stars aus dem Showbusiness sind auch darunter.

Es gibt natürlich auch weniger bedeutende »Residenzler«, vermögende Ruheständler aus Handel und Gewerbe, alte Künstler, Akademiker und Beamte. Ein paar echt kuriose Typen sind darunter.

Am Meer zwischen Porto Petro und Cala D'Or wohnt zum Beispiel ein schottischer Fabrikant mit seiner deutschen Frau, der an den hohen schottischen Fest- und Feiertagen die Tracht seines Landes anzulegen liebt.

Es kann einem also passieren, daß an einem sonnigwarmen Frühsommertag plötzlich ein hagerer Herr in den Siebzigern aus dem Kramladen des kleinen Hafenorts Porto Petro kommt, der Schottenrock, Kniestrümpfe und Käppi trägt, weil dieser Tag ein schottischer Nationalfeiertag ist, und mit seiner Einkaufstasche – unbeirrt von den verblüfften Blikken ringsum – ins Auto steigt und davonfährt.

Aber das Seltsam-Rührendste haben wir bei einer

weit über achtzigjährigen russischen Pianistin, der Witwe eines zaristischen Generals, erlebt, die uns vor einigen Jahren ihr Haus zeigte.
Im Kellergeschoß des Turmes, der zwischen den beiden Flügeln des weiträumigen Gebäudes stand, sah ich auf den Regalen lange Reihen voll Einweckgläser mit kyrillischer Beschriftung. Und als ich fragte, was das denn sei, erklärte die mollige alte Dame in ihrem fast fehlerfreien, aber hörbar östlich gefärbten Deutsch: »Auf diesem Regal ist eingekocht der Rehbock, was hat mein Igor Wassiljewitsch geschossen 1912 auf Jagd mit dem Fürsten Trubetzkoi in Wäldern von Dnjepropetrowsk. Und im rechte Regal ist Hasenfleisch von Jagd mit General Poljuchin 1914 bei Schitomir in Ukraine ...« Und das hatten sie mitgebracht bei ihrer Flucht vor den Bolschewiken, über Paris nach Mallorca, wo es, eingeweckt, heiliggehalten worden ist, bis die Generalswitwe selbst das Zeitliche segnete. Was die späteren Besitzer des Hauses mit den -zig Gläsern Erinnerung gemacht haben, weiß ich nicht. Genießbar ist das Andenken gewiß nicht mehr gewesen.
Für eine andere gute Bekannte aus den ersten Jahren unserer mallorquinischen Zeit suche ich mühsam nach einer richtigen Bezeichnung.
Da die etwa fünfzigjährige, zierliche Nachbarin Engländerin war, fällt mir das Wort »spleenig« ein – aber das paßt nicht.

»Verschroben«, »kurios«, »exzentrisch« – nichts davon trifft auf Mistress Roger so recht zu. Sie hatte vielmehr was von einem »Hascherl«, war also eher bemitleidenswert als überspannt.
Und doch tat sie Dinge, die höchst ungewöhnlich waren und aus dem Rahmen fielen.
Der Höhepunkt: Etwa drei oder vier Jahre nach Fertigstellung ihres hübschen, kleinen Hauses nebenan verlor sie die Lust daran, obschon sie es mit Geschmack und Akribie selbst entworfen und ausgestattet hatte.
Sie fand alles falsch, mißlungen und häßlich. Das Meer, auf das sie blicken konnte, ging ihr zunehmend auf die Nerven. Die Werkstatt in der Garage, in der sie begonnen hatte, zu töpfern und schöne kleine Keramiken zu brennen, genügte ihr nicht mehr. Ihre Hunde und Katzen – sechs Dackel und ebenso viele Katzen – schienen ihr unzufrieden, weil sie im Garten ums Haus nicht genug Auslauf hatten – kurzum, sie beschloß, alles aufzugeben und sich eine alte Finca im Innern der Insel zu kaufen.
Also verscherbelte sie Hals über Kopf den neuen Besitz für einen Spottpreis an einen Deutschen, bestellte einen Lastwagen und ließ ihr Mobiliar mitsamt allen neuen Elektrogeräten – Herd, Kühlschrank, Warmwasserspeicher, Toaster, Bügeleisen, Radio ... und so weiter verladen und zu der – wirklich malerischen – Finca karren, die sie nach

einer einmaligen Besichtigung spontan erworben hatte.
Die Finca, zirka hundert Jahre alt oder noch älter, lag fünfundzwanzig Kilometer landeinwärts, ziemlich einsam, von einem großen Grundstück umgeben, auf dem die Hunde und Katzen sich würden austoben können, da es ohnehin verwildert war.
Als die Männer, die ihr beim Umzug halfen, mit dem Abladen aller Sachen fertig waren – und als die überglückliche Mistress Roger ihnen angeben wollte, wo zum Beispiel der Herd und der Kühlschrank hingestellt werden sollten, stellte sie fest, daß es in ihrem neuen Heim keinen Strom gab. Nach Überwindung des ersten Schrecks tröstete sie sich mit der Hoffnung, das könnte ja reguliert werden. Aber eine Stromleitung vier oder fünf Kilometer über Land hätte mehr gekostet als die gesamte malerische Finca.
Also lebte sie, zumal auch das Wasser nur aus einem Brunnen zu schöpfen war, der im Hochsommer auszutrocknen drohte, ohne Elektrizität mit ihrer Menagerie ein gutes halbes Jahr wie im Mittelalter, verlor dann jedoch Kraft, Nerven und Mut und zog mit dem Rest ihrer Habe enttäuscht zurück aufs Festland, wo sie in Südfrankreich bei einer vermögenden Freundin Unterschlupf fand. Ihr hübsches kleines Haus ist unterdessen ein Restaurant, fünfzig Schritt von unserem Haus, nur im Sommer geöffnet. Wir essen ab und zu ganz gern dort, aber

immer wieder denken wir zwischen Oliven und Dessert wehmütig an Mistress Roger, die ich nicht spleenig nennen mag.
Doch ich verplaudere mich. Zurück zu Tomeo, ohne den ich, wie schon gesagt, das alles kaum gesehen und kennengelernt hätte.

MAI

Anfang Mai dehnt sich das Postboten-Arbeitsfeld noch weiter aus. Dann kommt auch die Cala Mondragó hinzu, weil die Zwei-Sterne-Hotels dort erste Gäste haben.

Die Cala Mondragó ist eine der schönsten Buchten Mallorcas. Es ist noch nicht lange her, da wurde die traumhaft gelegene Doppelbucht sogar in deutschen Zeitungen erwähnt – aber nicht wegen ihrer landschaftlichen Schönheit, sondern weil es wegen beängstigender Bauvorhaben böses Blut in der mallorquinischen Bevölkerung gegeben hatte.

Ein deutsches Konsortium plante zwar schon seit langem, die Höhenzüge rund um die große Bucht zu »urbanisieren« – von Hochhäusern und ein paar tausend Appartements, von einem Freizeitzentrum mit Restaurants, Pools, Tennisplätzen und so weiter

war die Rede –, abér das alles war von Jahr zu Jahr verschoben worden.
Die Bucht blieb mit Pinienwald, Sandstränden, zwei oder drei Imbißbuden und den beiden kleinen Hotels das ideale und beliebte Ausflugs- und Erholungsziel der Mallorquiner aus den umliegenden Dörfern und Städtchen und im Sommer das jener Touristen, die in ihren Urlaubsorten keine richtige Bademöglichkeit fanden.
Nun jedoch – also vor etwa drei Jahren – sickerte durch, die Bebauung würde jetzt losgehen. Es hinge nur noch an der Genehmigung durch die lokalen Behörden.
Da wurden die Einheimischen wach. Von den mallorquinischen Grünen, einer Ökogruppe, die sich GOB *(Grupo Ornithologico Baleares)* nennt, organisiert und von den Pfarrern der anliegenden Gemeinden unterstützt, gab es Demonstrationen, Aufrufe, Unterschriftensammlungen und Sprühparolen an vielen Wänden und Mauern: *»Mondragó par tots!«* (»Mondragó für alle«) stand da in metergroßen Buchstaben, und die Volksseele kochte.
Die in solchen Fällen immer üblichen Argumente für eine Bebauung – Arbeitsplätze, Wohlstand und so weiter – zogen nicht, und es kam eines Tages zu einer kleinen Revolte: Die Gegner des großen Projekts versammelten sich zu einer Kundgebung, und als die verantwortlichen Lokalpolitiker auftraten, um den Genehmigungsbeschluß zu bekunden,

griffen die Frauen und Männer spontan in ihre Taschen und Portemonnaies und bewarfen unter wütenden Rufen die entsetzten Männer mit Münzen. »Da habt ihr Geld, ihr korrupten Kerle!« schrien die Leute.

Nun ist so eine Fünfundzwanzig- oder Fünfzigpesetenmünze kein ganz ungefährliches Geschoß. Brillen sollen zu Bruch gegangen, Blut soll geflossen sein.

Die Bau-Befürworter wurden in die Flucht geschlagen.

Das Volk jubelte – und es jubelte kurze Zeit darauf noch mehr, als die Inselregierung, durch die Medien von den Vorgängen informiert, das ganze Vorhaben stoppte und die wunderschöne Doppelbucht Mondragó zum Naturschutzgebiet erklärte.

Es gibt übrigens mehrere Naturschutzgebiete auf der Insel. Da sind zum Beispiel *Dragonera, Cabrera, Puigpuñent* und andere.

Diese Naturschutzgebiete sind der augenfälligste Beweis für die Bestrebungen der offensichtlich einsichtig gewordenen Balearen-Politiker, dem alljährlichen Ansturm der Massen einen »alternativen« Tourismus entgegenzusetzen. Die gesamte Sierra Tramuntana wird Naturpark, die zum Teil irrwitzigen Baupläne sind gestoppt oder zumindest stark reduziert worden.

Auch die Großprojekte mit Golfplätzen, die nach Ansicht von Experten zum Wassernotstand führen

würden, sind noch umstritten und werden – hoffentlich – nicht realisiert.
Wer Mallorca als Wanderparadies kennt und erkennt oder gar Bergsteigerfreuden sucht, findet gute Lektüre und wichtige interessante Ratschläge zum Beispiel in den Wanderbüchern von Herbert Heinrich. Ratsam ist es auf jeden Fall, in Gruppen zu wandern, denn einzelne Wanderer sind hie und da schon spurlos verschwunden.
Das alles erfuhr ich von dem *cartero,* dessen Arbeitsbereich sich im Mai bis zur Cala Mondragó ausdehnt, wenn er Post in die zwei kleinen Hotels bringen muß.
Das eine davon, hundertfünfzig Schritt vom Sandstrand entfernt, kenne ich gut, denn dort hat meine Mallorcaneigung, besser -zuneigung, ihre ersten Wurzeln geschlagen, wie schon berichtet.
Jetzt, ein Dutzend Jahre später, gehen wir immer noch zwischen Mai und Oktober quer durch den hügeligen Pinienwald, um auf der Terrasse bei Antonio und Maddalena, dem Besitzerpaar, einen Palo oder Hierbas zu trinken.
Palo ist ein schwarzer, bittersüßer Likör, der aus Johannisbrot gemacht wird, und Hierbas ist ein Kräuterlikör, den es trocken oder süß gibt, beides sehr wohlschmeckend und bekömmlich.
Antonio und Maddalena sind unheimlich fleißige, sehr nette Leute. Maddalena, die ja mit deutschen, österreichischen und britischen Sommergästen

klarkommen muß, spricht einigermaßen Deutsch und Englisch, Antonio, der Hausherr, aber nicht. Deshalb ist mir mit ihm im Juni vor drei oder vier Jahren eine irre komische Geschichte passiert, über die sich die Mallorquiner im Umkreis halbtot gelacht haben, als sie davon erfuhren.

Die Ursache war Auba. Auba, zu deutsch »die Weiße«, hieß die sehr schöne, langhaarige Afghanenhündin, die uns vor acht Jahren auf Mallorca zugelaufen war. Im einzelnen zu erzählen, wie es dazu kam, würde zu weit führen, und ich müßte dann noch mal etwas über den Umgang der Mallorquiner, der Spanier, ja, der Südländer überhaupt mit Tieren sagen, und das ist ein ziemlich schlimmes Kapitel. Jeder, der verwahrloste Katzen, Kettenhunde, in winzige Käfige eingesperrte Vögel gesehen hat, weiß das. Wir sollten uns aber nicht aufs hohe Roß setzen und bedenken, daß in unserem Land zur Ferienzeit Hunderte Haustiere ausgesetzt werden, nur weil sie lästig sind.

Sela.

Also Auba, die wir aufgenommen, gesund gepflegt und ins Herz geschlossen hatten, streunte immer mal wieder durch Wald und Feld.

Eines schönen Tages kam Pablo und sagte: »Du mußt unbedingt zu Antonio ins Hotel, dein großer weißer Hund hat dort im Garten eine *Pava* totgebissen. Antonio hat's gesehen. Wenn er den Hund erwischt, erschießt er ihn, *claro!?*«

Ich schlug im Wörterbuch nach. Pava ist die Pute. In Antonios großem Garten neben dem Hotel gab es Hühner und Puten, das wußte ich.
Also fuhr ich zu Antonio, um den Schaden zu regulieren und mich, beziehungsweise Auba, zu entschuldigen. Aber ehe ich dort ankam, hatte ich den spanischen Namen des Geflügeltieres vergessen und sagte: »*Perdone, Señor Antonio,* ich will die *Puta* –«, Pute wird wohl *Puta* heißen oder so, dachte ich – »bezahlen, die ...« Doch ich kam nicht weiter. Antonio runzelte die Stirn: »*Puta?*«
»*En mi hostal nunca hay putas, Señor!*« – In seinem Hotel seien nie *Putas!*
»Doch!« beharrte ich. »Pablo hat es mir doch gesagt, daß in Ihrem Garten eine *Puta* getötet worden ist, und daß mein Hund ...«
Antonios Gesicht verfinsterte sich mehr und mehr, und ich wußte nicht, warum ... bis zum Glück Maddalena, seine Frau, und der deutschsprechende Barkellner Juan dazukamen und das Mißverständnis – schon grinsend – aufklärten: »*Puta*« ist die Hure.
»In meinem Hotel sind niemals Huren!« hatte Antonio wütend gesagt, womit er sicher recht hatte ... Aber als sich die Begebenheit herumsprach: »Habt ihr schon gehört: Señor Martins weißer Hund hat in Antonios Hotelgarten eine Hure totgebissen!«, da soll sogar Don Gaspar, der Priester von Alqueria Blanca, gelacht haben ...

Der Mai ist auf Mallorca der Monat, in dem die Schafe geschoren werden. Das Land ist, genaugenommen, eigentlich ohne Schafe nicht vorstellbar. Überall kann man das Glockengebimmel hören, das die Herden begleitet.

Den Tieren wird ein Vorderbein mit einem Hinterbein so zusammengebunden, daß sie nicht über Steinmauern springen können. Es sieht erbärmlich aus, wie die Schafe hinken – aber wie gesagt, Erbarmen mit Tieren ist ja selten hierzulande.

Wenn die Herden größer sind, werden sie meist von einem der schwarzen Schäferhunde bewacht, die eine besondere Rasse sind.

Mit einem der Schafhirten ist mir etwas Komisches passiert. In einem unserer ersten Jahre dort kam, im Juni, glaub' ich, der Holzhändler Miguel in das Franzosen-Sommerhaus, in dem wir wohnten.

Ich weiß nicht mehr, was er wollte, aber er brachte einen Freund mit, einen dicken, rotgesichtigen Mann in ziemlich schäbigem, nicht sehr sauberen Drillichzeug. Den stellte er als Juan vor und erklärte, daß Juan ein »Pastor« sei.

Ich war verdutzt, weil ich so einen Pastor – einen in solchem Aufzug – noch nie gesehen hatte; ich war irritiert und wußte nicht, wie ich den Fremden anreden sollte. *Padre* – das wäre zwar korrekt gewesen, aber es schien mir für den Dicken im Drillich absolut unpassend. Und an mein – fünfzig Jahre zuvor gelerntes – Latein dachte ich nicht.

Sonst wäre mir klar gewesen, daß dieser Pastor ein Hirte war.
Eine halbe Stunde dauerte meine Verwirrung, bis Miguel fragte, ob wir frischen Schafskäse haben wollten, Juans, des Pastors, Frau mache ihn selbst, und er sei *muy delicado*. Da fiel mir mein Latein wieder ein, und ich bestellte beim dicken Pastor ein Kilo Käse, der wirklich sehr gut war.
Die Schafschur im Mai ist natürlich wieder Anlaß zu einem Fest. In dem hübschen Städtchen Santa Maria wird dieses Fest – *la fiesta del Tondre* – groß gefeiert.
Santa Maria zu besuchen lohnt sich aber auch sonst. Der sonntägliche Markt ist bunt und sehenswert. Es gibt eine uralte Weberei mitten im Ort, in der die sehr schönen mallorquinischen Stoffe gewebt – und verkauft – werden. Allein der Weg dorthin ist ein Erlebnis, besonders im April und Mai, wenn die Wiesen blühen.
Auch die Gärten der Bauern sind im Mai so bunt wie sonst nie: Löwenmäulchen, Margeriten, Gladiolen blühen um die Wette, daß es eine echte Augenweide ist.
Die Bauern selbst – soweit sie neben ihren Oliven-, Mandel- und Johannisbrotbäumen noch anderes anbauen – pflanzen im Mai Gemüse wie Auberginen, Paprika, Tomaten, die unvergleichlich gut schmecken.
Zum Baden im Meer ist es im Mai oft noch zu kühl,

aber die Sonne prasselt schon prächtig, so prächtig, daß die »heilige Siesta« – von dreizehn bis fünfzehn oder sechzehn Uhr – von jedem, der klug ist, eingehalten wird.
Ich habe erst auf Mallorca gelernt, eine so lange Mittagsruhe zu beachten und zu schätzen. Sie ist lebensnotwendig und bestimmt den Rhythmus des Tages. Die Handwerker arbeiten nie in dieser Zeit, dafür beginnt ihr Feierabend meist erst um acht Uhr abends.
Daraus ergibt sich, daß spät gegessen wird, daß auch die Kinder oft noch bis Mitternacht wach und dabei sind. Zum Glück beginnt die Schule erst um neun Uhr morgens, dauert aber, mit langer Mittagspause – fast immer bis sechzehn oder siebzehn Uhr.
Auch die Schule ist also auf die heiße Zeit eingestellt. Die Sommerferien dauern deshalb fast drei Monate. Sie beginnen oft schon im Juni.

AUTO
LAVADO

JUNI

Spätestens im Juni, wenn sich Tomeos Arbeitsbereich bis zur Cala Mondragó ausdehnt, beginnt auf Mallorca die Saison. Das ist die Zeit, in der auf der Insel – besonders an ihren Küsten rundum – mehr Deutsch, Englisch, Französisch und sonstwas gesprochen wird als die Sprache des Landes.
Mir fällt in diesem Zusammenhang immer das hinreißende Buch ein, das der deutsche Autor – und »Aussteiger« – Vigoleis Thelen vor bald drei Dutzend Jahren geschrieben hat.
»Die Insel des zweiten Gesichts« heißt es und schildert Mallorca, als Beton dort noch äußerst selten war.
Der Titel trifft heute nicht mehr zu, denn weite Teile des damals überall malerischen Eilands sind sechs bis acht Monate des Jahres fest in der Hand son-

nenhungriger Mittel- und Nordeuropäer – und damit gibt es kaum noch Bewahrer und Erzähler der alten, hintergründigen Mythen und Märchen, damit ist aus dem »zweiten Gesicht« ein einseitiges Profit-Profil geworden, kein sehr schönes Profil, wenn ich ehrlich bin, weil zwanzigstöckige Wohnklötze und Neonlampen auch die sonnigste Sonne, das blaueste Meer und die prächtigste Palme im wahrsten Sinne des Wortes in den Schatten stellen.
Nun gut – oder nicht gut –, jeder macht Ferien nach seinem Geschmack, *a su gusto,* wie jene Spanier sagen, die von der »Heimatliebe« leben, die an ihre Gestade gespült worden ist. Jene sollen – wenn das nicht ein Gerücht ist – teilweise inzwischen sogar selbst Sauerkraut mit Rippchen, Leberwurst und Bier ihrer heimatlichen Paella und dem *vino de mesa* gleichsetzen oder gar vorziehen.
Die mittel- und nordeuropäische Kultur wuchert übrigens zum Glück nicht überall auf der Insel. Es gibt immer noch einsame Buchten und Strände, noch fast unberührte Landstriche, ganz ohne oder wenigstens mit einem erträglichen Maß an Tourismus.
Dort sind es noch Palmen und Pinien, die Schatten spenden, und man braucht deutliche Gestik und ein Wörterbuch, um sich – zum Beispiel – ein Frühstück zu bestellen.
Ich lebe während der Hälfte des Jahres in so einer

schönen Ecke Mallorcas. Es ist wunderbar. Keine singenden Touristengruppen, weder Marsch- noch Volks-, noch Diskomusik ... himmlisch. Aber ich war lange Zeit unsicher, ob es so bleiben oder ob auch da eine gewinnstrebende Baugesellschaft den Horizont mit Bettenburgen verbauen würde. Ob aus dem winkligen Gemischtwarenladen am kleinen ruhigen Hafen ein Supermarkt an einer lärmenden Promenade würde, ein Supermarkt, in dem es dann auch deutsches Brot, deutsche Wurst und natürlich auch deutsches Bier gäbe.

Apropos Brot, Wurst und Bier: Es wäre andererseits auch unehrlich, wenn ich jetzt und hier und heute leugnen würde, daß ich mich nach Monaten mallorquinischer Kost und spanischer Getränke nicht manchmal nach einer dicken Scheibe Sauerteig-, Vollkorn- oder Schwarzbrot mit kühler frischer Butter, nach Thüringer Blut- oder Mettwurst, nach einem schönen halben Liter Jever Pils oder Dortmunder gesehnt hätte ...

Es ist wirklich sehr seltsam: So gut die preiswerten Insel-Weine auch munden und bekommen, so wunderbar das *conejo con cebolla,* das Kaninchen mit Zwiebeln, die Tortilla, der frische gegrillte Fisch, das Hammelkotelett mit Knoblauch, die dicke *sopa mallorquin,* der Flan auch schmecken ... spätestens nach acht Wochen habe ich gelegentlich – schluckend – gedacht: Mann, o Mann, ja zugegeben, jetzt ein Eisbein mit Sauerkraut oder eine

Leberwurststulle oder ein Schmalzbrot mit Harzer ... und ein kühles Helles ...
Ja, ich weiß, es ist schändlich, aber ich gestehe es: Ich hatte richtiges massives Heimweh – nicht nach unserem Klima, nach unserem Land und schon gar nicht nach unserer Politik, nein, nach unserer Küche!
Daß ich nicht der einzige bin, dem das so geht, habe ich erfahren und bestätigt gefunden, als ich Mariekje und Louis, die alten Holländer, gefragt habe, was wir ihnen im Auto mitbringen sollten, wenn wir aus Deutschland wiederkämen, und die beiden sich, wie aus einem Munde: »Sauerkraut, Würstchen und Schwarzbrot!« wünschten. »Wenn ihr vielleicht auch ein paar marinierte Heringe für uns besorgen könntet, wäre das wundervoll!« fügte der alte Doktor Louis hinzu und leckte sich die Lippen.
So kam es, daß wir bei unserer nächsten Fahrt den Kofferraum halb voll Sauerkraut- und Würstchendosen hatten, denn wir wußten ja nicht, was für ein Sauerkraut sich die zwei wünschten: Weinkraut, Ananaskraut, mit Wacholderbeeren ... es gibt, glaub' ich, ein Dutzend Sauerkrautsorten. Und es gibt Frankfurter-, Regensburger-, Bockwürstchen und noch andere.
Darüber hinaus hatten wir noch zwei Kartons mit je sechs Gläsern marinierter Heringe eingepackt. Die Heringe mußten kühl aufbewahrt werden, also wa-

ren sie in Styroporrollen gepackt und in den beiden Übernachtungshotels unterwegs aus dem Kofferraum in die Hotelküchen-Kühlschränke gebracht worden, denn es war Anfang Juni und schon ziemlich warm.
Es hatte überraschte Gesichter der Hoteliers gegeben. Aber das Gesicht des spanischen Zollbeamten in Alcudia – wo unser Fährschiff von Sète in Südfrankreich auf Mallorca anlegte –, das Gesicht des Zollbeamten werde ich nie vergessen, als er bei der Kontrolle die Sauerkraut-, Würstchendosen und Heringsgläser sah.
Doch Louis und Mariekje waren überglücklich und haben wahrscheinlich vier Wochen lang mittags Sauerkraut und Würstchen und abends Heringe gegessen ...
Seitdem denke ich immer wieder darüber nach, ob »Heimatliebe« nicht eher eine Sache des Magens ist als des Herzens, von der Seele ganz zu schweigen, von der sowieso keiner weiß, wo sie sitzt ...
Apropos Magen. Es wird höchste Zeit, ein paar Takte über das Essen auf Mallorca zu sagen.
Wie überall, und besonders überall dort, wo der Tourismus blüht, gibt es auch auf Mallorca gute und schlechte Gaststätten.
Da wir keine großen Restaurantsucher und -besucher sind, sondern lieber selber köcheln, kann ich keine gültige Liste empfehlenswerter Lokale präsentieren, mal abgesehen davon, daß auch im

empfohlenen das Spanferkel mal zäh, die Suppe mal versalzen sein kann.
Im Rahmen des »Fortschritts« der mitteleuropäischen Parvenu-Zivilisation haben sich auch auf Mallorca sogenannte Feinschmeckerlokale angesiedelt, die meist sehr schön »gestylt«, meist mit relativ guter – aber höchst selten mallorquinischer – Küche und immer sehr teuer sind, im Vergleich zu hiesigen Preisen.
Die Einheimischen meiden diese Häuser, nicht nur, weil sie fünf-, sechs-, siebentausend Peseten pro Kopf für eine Mahlzeit nicht ausgeben wollen, selbst wenn sie es können, sondern auch, weil ihnen das *Chichi a la Bourguignon,* oder wie auch immer das Gericht heißt, einfach nicht schmeckt, weil ihnen Kerzenschimmer und dezente Barockmusik und Kellner ganz in Weiß den Appetit eher verderben. Da hilft auch die rustikalste Dekoration nicht.
Marguerita und Pablo zum Beispiel. Wenn sie wirklich mal ausgehen, ziehen sie eine Landgaststätte vor, die irgendwo in den Feldern liegt.
Dort sind die eingelegten Oliven mit der Knoblauchmayonnaise als Vorspeise selbstverständlich und gut, dort schmeckt die dicke Brot-Kohl-Bouillon-Suppe – *sopa mallorquin* –, dort ist die schwarzgeschmorte Innereien-Terrine, die *frito* heißt, lecker und das *lomo con col* – Schweinefleisch in Kohl mit Rosinen – vorzüglich. Dort ste-

hen dicke Brotstücke auf dem Tisch, der Wein ist kühl und gut und billig, der hausgemachte Flan – eine Art Vanillepudding mit Karamelsoße – kann nicht besser sein.
Zum Schluß spendiert der Wirt oft einen *hierbas,* jenen selbst angesetzten Kräuterlikör – wunderbar.
Guillermo, unser alter Schmugglerfreund, ißt, wenn er mal essen geht, am liebsten Paella. Aber Paella und Paella kann so unterschiedlich sein wie Sonne und Regen. Natürlich weiß Guillermo, wo es die beste – und größte – Paella im Umkreis von dreißig Kilometern gibt. Und da zuckelt er mit seiner klapprigen *Furgoneta* auch hin.
Doch am aufregendsten ist die mallorquinische Mahlzeit, wenn man das Glück hat, ins Haus eingeladen zu werden, wie es uns ab und zu schon geschehen ist.
Ich erinnere mich an eine Einladung zu einem Weihnachts-Mittagessen, das von dreizehn Uhr bis nach sechzehn Uhr dauerte, wo es *arroz brut* gab, jene dicke mallorquinische Reissuppe mit Schweine- und Hühnerfleisch und Tintenfischringen, die ich so gerne mag, und *conejo con cebolla,* Kaninchen mit Zwiebeln, und *tumbet,* die Gemüsepfanne und ... und ... und ... Danach Coca und das unheimlich süße, selbstgemachte mallorquinische Marzipan, das *turron* heißt, und dazu Wein, Kaffee, Likör, Käse – es nahm kein Ende.

Bei bestimmten Gelegenheiten dauert so eine Eß-orgie sechs bis sieben Stunden.
Wenn *matanza* – Schlachtfest – gefeiert wird, sitzen die Familien vom Vormittag bis zum Abend zusammen und vertilgen – meinem Eindruck nach – schon die Hälfte des Schweines, das sie am frühen Morgen für den Winter geschlachtet haben.
Doch so weit sind wir erst im November/Dezember. Davon dann mehr.
Jetzt im Sommer wird – schon der Hitze wegen – fast immer erst am Abend richtig gegessen.
Wir haben uns das auch angewöhnt. Man fährt an Markttagen vormittags auf den Markt zum Einkaufen und fängt erst am späten Nachmittag zu kochen an.
Nicht zu vergessen: Der Juni ist der Monat der »Verbenas«. Jetzt beginnen diese Sommerfeste der Dörfer und kleinen Städte, die sich meist über eine ganze Woche hinziehen.
Zu Ehren des jeweiligen Orts-Schutzpatrons finden Angler- und Sport-Wettkämpfe statt, es wird Theater gespielt, in den alten Trachten werden alte mallorquinische Tänze getanzt, auf den Plätzen wird gemeinsam eine riesige Paella gegessen, und die eigenartigsten alten Instrumente werden gespielt. Straßen, Gassen und Plätze sind mit weißen Papiergirlanden geschmückt – und an Wein wird nicht gespart.
Bei diesen *verbenas* bleiben die Mallorquiner am

liebsten unter sich. Zufällig hinzukommende Touristen werden zwar freundlich geduldet, aber alles: Lieder, Reden, Theaterstücke, wird in mallorquin gesungen und gesprochen.
Schon die Ankündigungen der Feste in den mallorquinischen Tageszeitungen sind in der Sprache der Insulaner verfaßt. Mit dieser Sprache, die ja kein Dialekt, sondern eine Sprache mit eigenen Regeln ist, hat es seine Bewandtnis.
Zur Zeit Francos war es, wie schon erwähnt, den Mallorquinern verboten, ihre Sprache in Schulen, bei Behörden, in Zeitungen und Zeitschriften zu gebrauchen. Es stand unter Strafe, aber die Sprache hat sich dennoch – oder erst recht – über die mehr als dreißig Jahre faschistischer Diktatur erhalten und ist heute so lebendig und gebräuchlich wie eh und je. Nur: Verstehen kann sie auch der Tourist nicht, der spanisch spricht. Für mich ist und bleibt Mallorquin ein Buch mit sieben Siegeln ...
Der Juni ist der Monat des großen Sommerfestes auf Mallorca. Das ist »San Antoni«, das Fest der Tagundnachtgleiche, des Kampfes zwischen Hell und Dunkel, Kälte und Wärme.
Es gibt viele Legenden, mythische Spiele und Deutungen um dieses Fest. Überall brennen Feuer, als Teufel verkleidete Jugendliche und Kinder tanzen abends durch die Gassen und Straßen.
In vielen Gemeinden gibt es Wein, Bauchspeck und die rote *Sobrasada*-Wurst umsonst.

Wettbewerbe finden statt, bei denen dekorierte Fahrzeuge ausgezeichnet werden. Die oft sehr schönen Dekorationen, früher auf Pferdewagen, heute auf Traktor-Anhängern, stellen alte Handwerke und Gebäude dar – kurzum, es ist eine große Sache, und »San Antoni« findet vor und nach dem Festtag das Interesse aller Beteiligten.

40

JULI

Die Märkte haben eine eigene Bedeutung auf der Insel.

Neben den ständigen Märkten in Palma, die täglich in und rund um den Hallen stattfinden, gibt es Wochenmärkte in vielen Dörfern und Städtchen.

Der Markt von Sineu ist vor allem ein Tier- und Pflanzenmarkt und schon durch die vielen Zwei- und Vierfüßler, die dort krähen, gackern, bellen, blöken und wiehern, sehenswert.

Auch in Porreres geht es an Markttagen turbulent zu, ebenfalls in Petra, dem malerischen Städtchen östlich von Palma, das sich auch wegen der alten Kirche und wegen des Geburtshauses jenes mallorquinischen Großen zu besuchen lohnt, der Junipero Serra hieß. Er war ein Missionar und hat vor

bald 500 Jahren die amerikanischen Städte San Francisco und Los Angeles gegründet. 1991 ist er seliggesprochen worden.
Über den besonderen, besonders pittoresken Markt von Felanitx später mehr.
Der Mittwochs- und der Samstagsmarkt von Santanyí, an der Südostküste Mallorcas, wo wir am häufigsten einkaufen, ist viel mehr als nur ein Obst- und Gemüsemarkt, auf dem es manchmal neben Mandarinen, Mohrrüben, Mandeln und Maronen, Geflügel und Fisch auch Tassen, Teller, Töpfe und allen möglichen Tinnef zu kaufen gibt.
Der Markt von Santanyí ist – wie wahrscheinlich alle Märkte rundum – ein Treffpunkt.
Die Hausfrauen des malerischen Städtchens und der Umgebung stehen dort, ihre prallen Körbe neben sich, und halten ihr Schwätzchen, aber das ist im holsteinischen Pinneberg oder im oberbayerischen Gauting genauso ...
Auch die dazugehörigen Männer verhalten sich ähnlich. Sie hocken an Tischen und Theken der Kneipen am Rande des Marktplatzes, machen Politik, erzählen Witze oder tratschen.
Nur die Getränke unterscheiden sich: In Pinneberg wird wahrscheinlich Korn konsumiert, in Gauting wird Bier, in Santanyí mehr Wein und Kaffee getrunken.
Und die Sprache ist verschieden, natürlich – wobei ich nicht mal sicher bin, daß die Pinneberger Haus-

frauen und Männer die Gautinger leichter verstehen würden als die aus Mallorca ... und umgekehrt.
Aber in einem ist der Markt von Santanyí irgendwie anders: Hier gibt's Begrüßung und Tratsch in mindestens vier Sprachen, neben der spanischen, weil sich außer den Einheimischen immer auch Engländer, Franzosen, Dänen, Deutsche und ab und zu Holländer hier aufhalten und, allein oder von ihren Frauen begleitet, von Stand zu Stand wandern, prüfen, feilschen und so weiter.
Denn im weiten Umkreis von Santanyí leben auf den »umfunktionierten« Fincas oder in mehr oder minder exklusiven, mehr oder minder schönen Villen jene schon erwähnten *extranjeros,* Fremde, die sich – mehr oder weniger – Land und Leuten angepaßt haben, aber auch dann nie ganz dazugehören, wenn sie die hiesige Sprache sprechen können. Und wenn sie gelernt haben, daß zum Beispiel *mañana* – morgen – nicht morgen heißen muß, sondern auch »irgendwann« bedeuten kann.
Was, nebenbei gesagt, für Verabredungen, zum Beispiel mit dem Klempner, beinahe lebenswichtig zu wissen ist, weil der das Klo *mañana* zu reparieren versprochen hat, aber nicht vor der übernächsten Woche zu kommen gedenkt.
Das gibt's zwar in Hamburg auch, daß jemand den oder die Handwerker zum Teufel wünscht, weil er

oder sie den tropfenden Wasserhahn, die kaputte Lichtleitung, den undichten Fensterrahmen erst nach vielen Telefonaten, nach tagelangem Warten reparieren.

Aber auf Mallorca sind handwerklich so ungeschickte Leute wie ich verraten und verkauft, wenn sie sich auf *mañana* – morgen – verlassen.

Meine Frau hat sich die hübsche Redewendung einfallen lassen und angewöhnt: *»Mañana seguro, Juan – ou mañana mallorquin?«* Das heißt, frei übersetzt: »Morgen bestimmt – oder irgendwann später mal, Juan?« Woraufhin der Klempner Juan lacht und versichert: *»Mañana seguro, Señora!«* – und dann kommt er tatsächlich (fast immer) auch am nächsten Tag und bringt die Wasserspülung wieder in Gang.

*

Im Sommer, zur Touristenzeit, geraten gelegentlich auch rotgebrannte Kurzzeitgäste auf den Markt von Santanyí. Sie sind an ihren buntbedruckten T-Shirts, Bermudahosen und an ihrer Ahnungslosigkeit zu erkennen, mit der sie etwa von einer Marktfrau wissen wollen, ob die Melonen auch wirklich ganz frisch sind.

In den touristenfreien oder -armen Monaten, also von Ende Oktober bis ungefähr Mitte Mai, hört man »Hallo, darling!« oder »Oh, lange nicht gesehen!«-

Rufe der Minderheit, die rund um Santanyí zu Hause ist.
Dann werden die Englisch-Französisch-Dänisch-Deutsch-Holländisch-Nachrichten ausgetauscht. Es werden gute Ratschläge erteilt: Welches Holz besser und sparsamer brennt, Oliven- oder Mandelholz.
Was man gegen die *orugas,* die ekligen Raupen der Prozessionsspinner tun kann, die im Februar die Pinien kahlfressen.
Wie eine bessere Postverbindung in die (eigentliche) Heimat möglich ist. Wann der neue Schlachter wieder frisches Hammelfleisch hat ... und so weiter und so fort.
Dazu wird natürlich hier wie dort und überall tüchtig gehechelt, über diesen und jenen hergezogen, wie überall in der Welt eben. Wer Schulden hat, wer mit wem seinen Ehepartner betrügt, wer zu viel trinkt, wer zu wenig arbeitet, wer ... was ... wann ...
Und über all dem scheint fast immer, im Sommer senkrecht, im Winter ein bißchen schräger, die mallorquinische Sonne.
Zum schönsten, kurzweiligsten und amüsantesten Zeitvertreib, den ich auf Mallorca habe, gehört die Stunde auf dem Mittwochs- und Sonnabends-Markt, wenn wir – unseren Tragekorb voll Tomaten, Melonen, Obst, Grünzeug neben uns – vor der Bar links vom Rathaus in der Sonne sitzen, *tapas* essen, Milchkaffee trinken und Leute beobachten.

Tapas – zu deutsch eigentlich »Deckel« – werden die Appetithäppchen genannt, die es in fast allen Restaurant-Bars gibt. Das sind eingelegte Fisch-, vor allem Tintenfisch-Stückchen, Pilze, Gürkchen und eine pikante Sorte Kartoffelsalat mit Kapern, dazu warme Tortilla-Scheiben, Fleischbällchen und allerlei anderes Eßbares, gut und variationsreich, je nach Kochkunst und Einfallsreichtum des Wirtes oder der Wirtin.
Die Marktstunde mit *Tapas* und Sonne ersetzt Theater und Kino, das Fernsehen sowieso, denn was man da sehen, hören und riechen kann, ist unvergleichlich.
Direkt gegenüber den drei oder vier Tischen der Bar haben die Bauern ihre Tische aufgestellt, um eigene Produkte anzubieten: Kartoffeln, dicke Petersilienbündel, Zwiebeln und – je nach Jahreszeit – dickschalige Orangen, samthäutige Aprikosen in großen Körben oder zerbeulten Blecheimern.
Die Männer und Frauen hinter den Tafeln und Tischen sind meist einfach gekleidet, haben wettergegerbte Gesichter und machen einen ausgeprägt bescheidenen und freundlichen Eindruck.
Das Obst ist manchmal nicht sehr ansehnlich. Die Orangen sind von unterschiedlicher Größe und Farbe, die Aprikosen oft grüngelb und unreif – manchmal braunfleckig und überreif.
Die Früchte auf den Ständen nebenan, edle, gepflegte Ware in feiner Sortierung, schön in Kästen

gebettet, Importe meistens – die Früchte nebenan also sehen sehr viel besser, sagen wir mal »zivilisierter« aus. Sie kosten auch wesentlich mehr – aber sie schmecken nur halb so gut wie die knorpeligen, faustgroßen, grobporigen hiesigen Apfelsinen, Mandarinen und oft mickrigen Aprikosen. Ebenso ist es mit den einheimischen Gurken und Tomaten, Äpfeln, Radieschen und so weiter.

Heiliger Falstaff – schon beim Gedanken an die Bauerntomaten Mallorcas krieg' ich Pfützen auf der Zunge! Und die Erdbeeren schmecken hier noch richtig nach Erdbeeren, die Melonen nach Melonen und sogar die Kartoffeln nach Kartoffeln. Daß alles viel billiger ist als auf einem deutschen Markt, versteht sich von selbst, obschon auch hier die Preise steigen.

Dazu die Düfte, die über der Menge herüberwehen: Gewürze, Kräuter, Blumen, Obst von den Marktständen ... und aus der Kneipe hinter uns bratendes Fleisch, grillender Fisch, Wein, Tabak, Kaffee ... es ist ein Fest für die Nase. Aber auch für die Augen ist es ein Fest.

Hinter den Bauernständen, in der schattigen Gasse zur alten Apotheke, haben Schwarze ihre Verkaufstische aufgebaut. Das sind so schwarze Schwarze, wie ich sie in unseren Breiten bisher kaum gesehen habe, ebenholzschwarze, stattliche junge Männer mit blitzenden Zahnreihen zwischen ihren dicken

Lippen und in wallende Gewänder gekleidet, als kämen sie direkt von einem Tanzfest in ihrem Kral am Rande des Urwaldes.

Sie sitzen unbewegt neben oder hinter dem Kram, den sie ausgebreitet haben: Ledergürtel, -taschen und -sandalen oder Uhren, Schmuck, Radios ... billig ... billig ... Gelegenheiten ungewisser Herkunft ... Und nur an den Kulleraugen der Schwarzen ist zu erkennen, daß sie selbst lebendig sind und nicht Staffage.

Wenn einer stehenbleibt vor ihrem Tisch, eine oder einer, der vielleicht was kaufen will, dann erheben sie sich mit der hinreißenden Geschmeidigkeit ihrer Rasse und spreizen die dunklen Finger an den hellen Handflächen und reden spanisch, englisch, deutsch, französisch auf den oder die möglichen Kunden ein – ohne eine spürbare, sichtbare Enttäuschung, wenn nichts gekauft wird ... faszinierend!

Merkwürdigerweise – ich kann nicht erklären, warum – wirken die Afrikaner hier nicht so fremd wie eben bei uns im heimatlichen Hamburg.

Das mag an der südlichen Sonne liegen, am kobaltblauen Himmel, an der riesengroßen Palme, die den Marktplatz von Santanyí vor der Kirche begrenzt – oder an der lockeren Selbstverständlichkeit, mit der die Hiesigen – und sogar die meisten *extranjeros,* die hier leben – die Schwarzen gelten lassen.

Die dunkelhäutigen Söhne des Nachbarkontinents werden ohne Vorbehalte als Händler akzeptiert.
Das geht so weit, daß auf dem großen Weihnachtsmarkt in Palma – einer übrigens sehr sehenswerten Veranstaltung – ein gutes Dutzend Buden und Verkaufsstände zu finden sind, in denen sehr schwarze, buntgewandete Frauen und Männer Krippenfiguren zum Kauf anbieten.
Ich weiß, daß ist kein Juni-Thema, aber es gehört hierher, da von den Afrikanern die Rede ist.
Die Krippenfiguren sind, nebenbei gesagt, überraschend.
Naturalistisch gestaltet, von erlesener Schönheit, gibt es alles, was zur Geschichte von Christi Geburt gehört: außer Maria, Josef und dem Jesuskind vielerlei Engel und Hirten, die drei Könige und Schafe, Ochsen, Esel, Kamele – so gut gemacht, daß ich mir ein riesengroßes Zimmer gewünscht habe, um die Figuren alle aufstellen zu können.
Und dahinter oder daneben der ebenholzschwarze, große Schwarze, der mit blitzenden Zähnen lacht und mit heller Stimme seine christlichen Figuren anpreist.
Die Hiesigen akzeptieren die dunkelhäutigen Händler, wie gesagt. Sie akzeptieren sie jedoch nicht – beileibe nein! – als Schwiegersöhne oder -töchter!
Im Folgenden will ich zu erklären versuchen, war-

um das so ist: Fünfzig Schritte weiter den Marktplatz aufwärts, auf der schönen alten Kirche mit der schäbigen Fassade zu, von unserem Tisch vor der Kneipe aus gerade noch zu sehen, ist ein Stand mit Schuhen aller Art. Dahinter steht ein junger Mann, dessen schwarzglänzende Krullerlocken und olivfarbene Haut die maurischen Ahnen verraten. Es gibt eine ganze Menge davon auf Mallorca. Nachkommen aus den Besatzungsphasen vor hundertfünfzig bis tausend Jahren.

Manche Mallorquiner haben eine heftige Abneigung gegen diese *Moros*, obwohl das ein dummer Rassismus ist, denn das Mädchen oder der Junge, die und der mit dunkler Haut geboren wird, kann ja nun weiß der Himmel nichts dafür, daß seine Ururgroßmutter einen Afrikaner geliebt hat und von ihm geschwängert wurde und daß dies nun, Generationen später, wieder durchschlägt.

Aber bei solchen rassistischen Reminiszenzen spielt die Insulanerneigung zum Mystischen, zum Übersinnlichen eine Rolle, glaube ich.

Der erstaunliche Gegensatz zum Realitätssinn vieler Insulaner: Der ausgeprägte Aberglaube macht die Menschen an der Nordsee und die am Mittelmeer quasi zu Zwillingen.

Ihre beliebte Beschäftigung mit dem Übersinnlichen, mit dem Geheimnisvollen mag seine Ursache in der unergründlichen steten Bedrohung haben, die vom Meer ringsum ausgeht – gleichgültig, ob es

blau und sanft oder lockend oder grau oder schäumend und abweisend ist.
Kein Wunder, daß hier – wie dort – immer wieder kleine Wunder geschehen, die unergründlich sind.
Jedenfalls waren die Menschen auf den Nordseeinseln, wo wir ein Jahrzehnt gelebt haben, ebenso in Aberglauben, Spukangst, Gespensterfurcht – überhaupt in alles Metaphysische – eingebunden wie die Mallorquiner.
Das geht hier so weit, daß ein *Moro*-Kind als »Strafe« angesehen werden kann, obschon es ein simples Erbe ist.
Die Überzeugung, daß es »zwischen Himmel und Erde Dinge gibt«, die sich dem menschlichen Verstand entziehen, wird ja auch immer mal bestätigt. Das gilt nicht für so hirnrissige Sachen wie »Strafe des Himmels« und so – aber für seltsame Begebenheiten, kleine »Wunder«.
Für solche Wunder, wie zum Beispiel ich eins auf Mallorca erlebt habe, obschon ich sonst durchaus nicht abergläubisch bin und nur in Maßen bei schwarzen Katzen erschrecke, die meinen Weg – von links nach rechts, was Schlecht's – kreuzen.
Ich habe heftige Schmerzen im Bein gehabt. Zum Heulen heftig. Nur mit Stock vermochte ich noch zu gehen, und ich war tief deprimiert über den Stock, ein weiteres Zeichen meines Alters neben Glatze, Bauch, Brille und so weiter ...
Der Arzt verordnete mir ein massives Mittel gegen

den Schmerz, es half zunächst, brachte aber Kreislauf und Magen durcheinander. Also setzte ich es schnell ab und hatte anderntags wieder das böse Bein.

Auf dem Markt in Santanyí, als ich von meinem Tisch aufstand und mit schmerzverzerrtem Gesicht ins Lokal humpelte, um noch mal Milchkaffee zu bestellen, sprach mich eine Frau an, die wir flüchtig kannten.

Sie sagte: »Sind Sie krank, Señor?« – Und als ich bejahte, meinte sie: »Gehen Sie doch mal zu Antonio in Cala Soundso! Der ist zwar kein Arzt, aber ein Wunderdoktor!«

In meiner Ratlosigkeit und Verzweiflung habe ich den Tip befolgt.

Antonio ist ein kleiner, massiger Mann von etwa Fünfzig und auf Anhieb unglaublich sympathisch.

Seine »Praxis« ist im ersten Stock eines Verkaufszentrums hinter einem der schrecklichen Hochhäuser in einem neuen Ort, der insgesamt entsetzlich ist.

Die Räume der Praxis sind unbeschreiblich – nicht schmutzig oder ungepflegt, aber zusammengewürfelt aus allem möglichen eingerichtet, von alten Autosesseln bis zu Korbstühlen in vieler Form und Farbe.

Nachdem ich eine halbe Stunde gewartet hatte, wurde ich ins Sprechzimmer Antonios gerufen. Der kleine bärtige Mann mit guten Augen, gekleidet in

einen etwas zu weiten Trainingsanzug, befahl mir, mich zu setzen, streifte meine Hose hoch und hat mein Bein abgetastet ... ein bißchen hier, ein bißchen da gedrückt und behutsam geknetet – etwa eine halbe Stunde lang, ohne viel zu sagen.
Am Nachmittag konnte ich laufen!
Selbst wenn die gesamte Ärzteschaft der Welt jetzt schreit: Nach einer zweiten Behandlung, ohne Medikamente, bin ich seitdem schmerzfrei! Und das ist länger als zwei Jahre her!
Das gibt's doch gar nicht, was es auf Inseln alles gibt!

Felanitx

AUGUST

Über den August kann ich, wenn ich ehrlich bin, eigentlich nur vom Hörensagen berichten, denn wir sind bisher stets spätestens in der ersten Woche des Monats geflohen.
Temperaturen von dreißig, fünfunddreißig bis vierzig Grad und manchmal auch noch darüber, dazu die hohe Luftfeuchtigkeit, sind für mich schwer zu ertragen, und ich bewundere die Menschen, die dann auch noch arbeiten können.
Mallorca verliert spätestens im August seine Grüntöne. Alles wird gelb und braun, und es ist unverständlich und völlig unfaßbar, wie aus dem verdorrten Gras, aus den versengten Büschen jemals wieder neues Grün sprießen kann.
Das Leben spielt sich in der Hitze überwiegend frühmorgens und spätabends ab. Zwischen zwölf

Uhr mittags und vier oder fünf Uhr nachmittags herrscht die heilige Siesta, die nichts mit *dolce far niente,* süßem Nichtstun, zu tun hat, sondern eher Lähmung ist, absolute Kapitulation vor Helligkeit und Hitze.

Jetzt werden einem die dicken Mauern klar, die Klappen – *persianas* – vor Türen und Fenstern, die Steinfußböden, die kargen Sitzmöbel, auf denen es keine Polster gibt. Es wird einem klar, daß Zugluft zum Leben gehört, daß Wasser eine sehr viel größere Bedeutung, einen sehr viel höheren Wert hat als in unserem Land. Und nun versteht man auch, warum unter nahezu jedem Haus riesige Zisternen angelegt sind, in denen das Regenwasser gesammelt und gespeichert wird.

Wer den hohen Wert des Wassers auf Mallorca kennt, kommt dann auch dahinter, warum die weitsichtigeren Mallorquiner sich vehement gegen die Anlage noch weiterer Golfplätze wehren, denn für deren Pflege und Erhalt wird mehr Wasser gebraucht, als vertretbar ist.

Für die Einheimischen, die mit dem Tourismus nichts zu tun haben, also weder in der Gastronomie noch sonst im Fremdenverkehrsgewerbe arbeiten müssen, für die ist der August der Ferien- und Reisemonat.

Die Schulkinder haben von Juni bis September runde drei Monate Ferien, die Lehrerinnen und Lehrer müssen nach Schulschluß und vor Schulbeginn noch ein bis zwei Wochen arbeiten, haben also auch mindestens neun bis zehn Wochen frei.

Das heißt, die spanischen, die mallorquinischen Touristen, die zwischen Mitte Juli und Mitte September irgendwo in der Welt anzutreffen sind, werden entweder Lehrerinnen oder Lehrer oder sonstwie beamtet und fest angestellt sein und nicht nebenbei Zimmer vermieten oder für Gäste kochen müssen.

Was in Deutschland der Brauch und üblich, ist auf Mallorca unbekannt, soviel ich weiß. Private Zimmervermieter gibt es nicht.

Während in den »Sommerfrischen« Deutschlands, gleich, ob an der Ost- oder Nordsee, im Harz, im Schwarzwald, in Bayern oder sonstwo, an jedem dritten Haus ein Schild zu sehen ist: »Zimmer frei!«, während die deutschen Privatvermieter, wenn die Nachfrage groß ist, in Dachkammern, Kellern, Geräteschuppen ihre Nachtlager aufschlagen, um die Wohn- und Schlafzimmer an Fremde vermieten zu können, würde kein Mensch auf Mallorca daran denken, sein Bett für einen *extranjero* zu räumen.

Sicher, Sebastiana, die nette, gescheite und lustige Tochter des Bauern Andres, von Beruf Lehrerin und noch ledig, vermietet ihr hübsches kleines Haus im Pinienwald über der Sandstrandbucht bei der Cala Mondragó – aber nur, wenn sie im Juli/August selber auf Reisen geht, um jedes Jahr ein anderes Land kennenzulernen.

Im vorigen Jahr hat sie uns mit ihrer Freundin auf dem Weg von Berlin nach Kopenhagen in Hamburg besucht, dieses Jahr ist Schweden an der Reihe. Wenn alles gutgeht, sagt sie, wird sie nächstes Jahr »Amerika machen«.
»Ich habe Ferien«, so sagt sie, »und es ist auch zu heiß und zu voll hier – also fliege ich woandershin, *claro!*«
»Zu heiß?« fragen wir. »Für dich zu heiß?«
»Ja«, gibt sie zurück, »und ich mag auch nicht den ganzen Tag im dunklen, kühlen Haus sitzen oder ans Meer zum Schwimmen oder auf den Klosterberg *Consolation* beim Dorf oder gar durch das heiße Tal Felanitx fahren, um dann oben auf dem *Santuario de San Salvador* ein bißchen Wind zu genießen, wo sich um diese Zeit Hunderte Touristen drängeln ... Nein, dahin fahre ich im Winter, da sind die fünf alten Mönche fast allein, und die wundervolle Aussicht ist ebenso wundervoll im Januar wie im August ...!«
Sebastiana hat recht: Die steile, enge, gewundene Serpentinenstraße hinauf zu dem viele hundert Jahre alten Kloster ist für den ungeübten – im Serpentinenfahren ungeübten – Autofahrer eine schweißtreibende Angelegenheit und bei fünfunddreißig Grad im Schatten wahrlich kein Vergnügen. Um so verblüffter waren wir, als wir auf halber Höhe eine Gruppe Radfahrer überholten, junge Leute in bunten Trikots, die, mehr in den Pedalen stehend

als auf den Sätteln sitzend, ohne abzusteigen, die Steigung hinaufstrampelten.
Ich fand das verrückt und ein wenig albern.
Aber als ich dann oben im Kloster die Kammer mit den Devotionalien sah, in der neben den üblichen Dankessprüchen an die Madonna für Heilung von allen möglichen Gebrechen und Erlösung aus aller möglicher Not, neben den Gipsfüßen, Händen, Ohren und anderen Körperteilen und -organen auch noch ein gutes Dutzend verschwitzter, verstaubter Radlertrikots als Dank für den Beistand der Muttergottes bei irgendwelchen Rennen an die Wände genagelt sind, wurde mir klar, daß sich die Sportler nicht aus sportlichem Ehrgeiz, sondern aus Frömmigkeit die Serpentinenstraße hinaufquälen.
Mallorca ist offenbar ein Eldorado für Radler. Fast das ganze Jahr hindurch begegnet oder überholt man auf den Straßen Gruppen von über die Lenker gebeugten, strammbeinigen Männern in buntleuchtenden Hemden, die – meist ohne nach rechts oder links zu blicken – schweigend und schwitzend auf blitzenden, offenbar teuren Rennrädern durch die Gegend flitzen.
Oben auf dem Klosterberg Santuario de San Salvador ist es tatsächlich auch an heißesten Tagen immer etwas luftig-frischer.
Auch auf dem anderen Berg, dem etwas kleineren bei Alqueria Blanca, den das nicht mehr von Mön-

chen bewohnte kleinere Kloster *Oratorio de la Consolation* krönt, auch dort weht ebenfalls stets eine erfrischende Brise vom Meer, das am Horizont zu sehen ist.
Auch da ist der Rundblick sehr schön: im Süden die silberblaue Wasserfläche, im Norden die Hügellandschaft mit ihren verstreuten Fincas, zum Teil halb verfallen, zum Teil sehr hübsch zu Sommerwohnsitzen ausgebaut.
Eine Anzahl Prominente haben sich hier etabliert. Auf einer der Hügelkuppen ist ein burgähnliches Chalet zu sehen, das von hohen Mauern umgeben ist und fast wie eine Festung wirkt.
Auf meine Nachfrage hin erfuhr ich, daß dort ein Sohn des ehemaligen Schahs von Persien mit seinem »Hofstaat« inklusive bewaffneter Leibwächter residiert und darauf wartet, im Iran wieder die Herrschaft zu übernehmen.
Ich fürchte, keine Chance zu haben, die Bekanntschaft der Festungsinsassen zu machen ... Aber das verdirbt mir die Freude am Rundblick und an dem kühlen Lüftchen oben auf dem kleinen Klosterberg bei Alqueria Blanca nicht weiter ...
Doch zurück zum Santuario bei Felanitx. Die alten Mönche – fünf oder sechs –, die dort oben in dem dicken Gemäuer leben, sind also nicht zu bedauern ihrer dicken, braunen Kutten wegen.
Sie haben lange, graue Bärte und tragen ein Walkie-talkie über den Schultern, gegen das der Ro-

senkranz klappert, den sie um den Hals haben. Sie brauchen die Geräte, um im weitläufigen Gelände der Klosteranlage den Kontakt miteinander nicht zu verlieren.

Im Vorraum der sehr schönen, dunklen Kirche ist eine Art Kiosk. Da sitzt hinter einem Schiebefenster immer einer der frommen Brüder und bietet Postkarten, Dias, Bücher über das Kloster und Souvenirs an. Die Souvenirs – zum Teil wahrscheinlich »made in Korea« oder so – sind in der Mehrzahl purer Kitsch und entsprechend begehrt.

Ich habe mir sagen lassen, daß die Mönche im Bergkloster bei Felanitx nur mit Mühe so viele kleine Plastik-Fernsehapparate mit bunter Batteriebeleuchtung um die Marienfigur herum beschaffen können, wie sie von den Busladungen voller Mitteleuropäer in den Sommermonaten verlangt werden.

Doch der Blick von da oben über die Insel ist umwerfend – und die *sopa mallorquin,* die es in der schlichten Klostergaststätte neben Eis am Stiel, Kaugummi und Coca-Cola zu kaufen gibt – die *sopa mallorquin* ist durchaus auch nicht zu verachten.

Über das Städtchen am Fuße des Klosterbergs müssen noch ein paar Worte gesagt werden, weil es ein ungewöhnliches und bemerkenswertes Städtchen ist. Es heißt also Felanitx (»Fellanietsch« gesprochen), ist uralt und hat nicht nur eine große

Kirche mit aufregend schöner Fassade, bildschönen alten Kirchenfenstern und imposanter Treppe, sondern auch allsonntäglich einen Markt, so bunt und beinahe exotisch, wie ich sonst nirgends einen erlebt habe auf der Insel.
Daß der Markt an Sonntagen stattfindet, liegt daran – hat mir jemand erzählt –, daß Felanitx eine sehr reiche und einflußreiche jüdische Gemeinde hatte. Damit der Sabbat respektiert werden konnte, sollen die Mitglieder der Gemeinde bei der Obrigkeit in Palma die Sondergenehmigung erwirkt haben, sonntags Markt zu halten – sogar während der Kirchzeit, in der sonst überall alles geschlossen bleiben muß. Deshalb sind die Montage Feiertage in Felanitx.
Die Sonntagsmärkte sind besonders sehenswert, weil Stände, Buden, Tische aus dem großen alten Markthallenbau neben der gewaltigen Kirche über Stufen und Treppen in die anliegenden Gassen und Straßen schwappen und weil es ein so buntes Durch- und Nebeneinander von Waren gibt, wie ich es sonst noch nirgendwo gesehen habe.
Auch hier wieder die Schwarzen mit ihrem tausenderlei Tinnef, dazu Bauern, die Küken, Hühner, Tauben, Hunde, Esel, Lämmer anbieten oder Gemüse verkaufen.
Dazu Zigeuner mit Schmuck oder allerlei Kleidung, dazu Lederwaren, Schuhe, Schallplatten – und dazwischen hie und da ein Künstler, der Aquarelle –

Meterware, aber echt handgemalt, naturgetreu und billig – anpreist, oder eine Hippie-Gruppe mit Töpfereierzeugnissen: Vasen, Schüsseln, Geschirr ... Alles »einmalige Gelegenheiten« und mit ein wenig Geschick oder lächelnd verfochtener Hartnäckigkeit immer auf den halben Preis herunterzuhandeln, wenn man das kann und mag.
Ab und an versucht ein Straßenmusikant mit Gitarre oder Akkordeon gegen die Plärrmusik anzukommen, die von den Kassetten- und Schallplattenständen dröhnt. Ab und zu gibt es lauten Streit um irgendwas zwischen Verkäufern und Kunden. Und unaufhörlich gackert, blökt, kräht, schnattert, bellt das kleine und große Viehzeug, das, angebunden oder in Käfigen, zum Verkauf steht.
Ab und zu stolziert mit bärbeißigem Gesicht mal ein Polizist, schreitet mit mildem Lächeln mal ein Priester durch die Menge, die sich vor ihnen öffnet und hinter ihnen wieder schließt.
Und es riecht, wie es nur im Süden riecht: nach Kräutern, Wein, Tabak, Kaffee und Schweiß.
An den Marktsonntagen haben auch alle anderen Geschäfte in Felanitx geöffnet. Wer sich etwas abseits vom Trubel ein wenig umschaut, wird neben einigen modernen, zum Teil sogar eleganten Geschäften – Apotheke, Optiker, Boutique – auch Läden finden, wie sie es bei uns zu Hause seit langem nicht mehr gibt. Die Bezeichnung »Gemischtwarenhandlung« ist dafür die treffendste.

Da sind unter Umständen noch Dinge zu finden, von denen in Deutschland die Großmütter – zum Teil sehnsüchtig – erzählen: richtige Zuckerhüte, Salzheringe aus dem Faß, lose bunte Bonbons in großen Gläsern – und gleich daneben die großen Kannen, aus denen Petroleum gezapft wird oder Olivenöl.
Jeder bundesrepublikanische, amtliche Lebensmittelkontrolleur würde übrigens vor Entsetzen erbleichen.
Die Inhaber dieser kurios-liebenswerten Tante-Emma-Läden sind meist ältere Ehepaare, sehr hagere oder sehr dicke Frauen, Männer, die oft auch hinter ihrem Ladentisch die Baskenmütze aufhaben, gelegentlich noch ein Mädchen, das den *jamon serrano* – einen luftgetrockneten Schinken – und den Käse schneiden muß, weil die Alten nicht mehr so gut sehen können, oder ein Junge, der Säcke, Kisten und Kartons schleppt. Sie alle wären hoffnungslos überfordert, wenn jemand von ihnen Pumpernickel oder Erdnußbutter kaufen wollte. Aber Coca-Cola und Zeitschriften gibt's da auch, weil die Kultur eben grenzenlos ist ...
Natürlich gibt es auch wunderschöne Ansichtspostkarten in den Läden. Neuerdings sogar welche mit Nackedeis beiderlei Geschlechts und mehr oder weniger obszönen Texten. Die Priester und Mönche, die an den Ferkeleien vorüberwandeln und so tun müssen, als sähen sie die Sünde nicht, bewun-

dere ich ihres Stoizismus wegen. Ich glaube, sie haben es heutzutage schwerer, bei all den Anfechtungen rundum und angesichts der Busenblätter an jedem Kiosk, ihre Gelübde zu halten.
Ich bin an kein Gelübde gebunden, aber auch mich beschäftigt und irritiert der Kontrast zwischen aggressiv dargestellter und angepriesener Sexualität und spanisch-strenger Frömmigkeit – Pornographie direkt neben Pater noster ...
Aber die Frauen, die in den Läden ihre – und eben auch diese – Gemischtwaren feilbieten, scheint es nicht zu stören.
Woran zu sehen ist, daß Geschäftssinn jeder Moral überlegen ist.

Felanitx sollte man nicht verlassen, ohne die bemerkenswerte Keramikfabrik besichtigt zu haben, zu der überall Hinweise angebracht sind.
Dort gibt es überraschend schöne, handgemalte Dinge zu sehen und – relativ preiswert – zu erwerben. Man darf beim Einkauf nur nicht vergessen, daß es sich um zerbrechliche Schönheit handelt, die für den Heimflug gut verpackt sein muß.

Cala Figuera

SEPTEMBER

Wenn ich das bisher Geschriebene überlese, befällt mich die Sorge, die geneigte Leserin, der geneigte Leser könnte den Eindruck gewinnen, ich sei ein Eß- und Einkaufsfetischist, spezialisiert auf balearische Speisen, Getränke, Märkte und Lebensmittelläden.
Um das zu vermeiden, will ich vom Licht erzählen. Der September und Oktober sind dafür ganz besonders geeignet. Nirgends habe ich Licht so wahrgenommen, so aufregend gefunden wie auf Mallorca – sowohl am Morgen wie am Abend, aber auch in mondhellen Nächten.
Es mag sein, daß mich mein vor gut fünfzig Jahren genossenes (ja, genossenes) Studium der Malerei besonders empfänglich für Lichteindrücke gemacht hat.

Ich war schon damals von den Landschaftsbildern der alten Holländer, von den glühenden Gemälden van Goghs, von den flimmernden Aquarellen Turners begeistert und habe auch selbst immer am liebsten Landschaften gemalt, und ich hatte mich auf die freie Zeit gefreut, die ich auf Mallorca zum Malen würde nutzen können – aber Mallorca ist zu malerisch für mich, um dort zu malen.
Das Licht ist mit Pinsel und Farbe viel zu schwer einzufangen. Ich kenne nur ganz wenige Bilder, die jene Stimmung widerspiegeln, wenn am Spätnachmittag die Sonne zu sinken beginnt und allem – Felsen, Wald, Häusern, Feldern, ja auch dem Meer – jenen rotgoldenen Schimmer gibt, der, wenn er »naturgetreu« gemalt würde, unglaubhaft, beinahe kitschig wäre.
Ja, natürlich gibt es Malmotive in Hülle und Fülle: Fischerboote am Meer, halbverfallene Fincas, von violetter Bougainvillea umrankt, im Vordergrund ein Eselskarren neben dem blühenden Hibiskusbusch, winklige Gassen mit schiefen Mauern, lichtockerfarbene Wände vor kobaltblauem Himmel, den alten Schafhirten mit seiner Herde unter den Mandel- oder Olivenbäumen ... und so weiter und so fort.
Aber das Licht ist nicht zu malen. Es ist kaum zu fotografieren, finde ich, man muß es sehen und spüren und sich vor Augen zu führen suchen, wenn einen deutscher Regenwetterhimmel betrübt.

Die wenigen guten Maler unter den vielen Malern auf Mallorca, deren Kunst mehr ist als Abbildung der Natur, sind an zehn Fingern zu zählen. Ich kenne einen in Cala D'Or, er heißt Ferrari und malt interessante Bilder, die abstrakt wirken und naturalistisch sind, weil Ferraris Motive rostige Schiffswände, verwitterte Hausmauern und so zufällige, in Form und Farbe eigengesetzliche Dokumente des Verfalls sind, daß sie schon wieder Schönheit ausstrahlen.

Aber das Licht spielt auf den Gemälden Ferraris kaum eine Rolle. Joan Miró, der große, eigenwillige surrealistische Maler, mit seinen grotesken und poetischen Bildern zu Weltruhm gelangt, war Sohn einer Mallorquinerin und hatte sein Studio in Palma. Landschaften von ihm kenne ich nicht.

Einer der lebenden Großen ist Miguel Barcelo aus Felanitx, der als »neuer Picasso« bezeichnet wird und zur Weltspitzenklasse der bildenden Kunst zählt.

Überrascht war ich, als mich irgendeine Frage in die Wohnung des Chefs der Bank führte, der zugleich Versicherungen vertritt und hundert andere Geschäfte managt.

Er ist ein kleiner, rundlicher Mann in den Fünfzigern, der – obschon ein gebürtiger Mallorquiner – vom Habitus her ebenso aus Liverpool, Dresden, Hilversum oder Lyon stammen könnte, so auswechselbar sieht er aus. Aber er spricht vier Sprachen und hat, das war meine Überraschung, im Flur und Wohnraum seines Hauses eine Menge Gemälde: Aquarelle, Pastelle, Ölbilder von verschiedenen Künstlerinnen und Künstlern hängen. Bis auf drei oder vier Stilleben sind das alles mallorquinische Landschaften – und in zweien davon habe ich sogar Spuren des Lichtes entdeckt, das eigentlich nicht zu malen ist, richtiger, das zu malen ich mir nicht zutraue.

Vom Bankchef habe ich dann auch noch einiges andere über Kultur, Kunst und Künstler auf der Insel erfahren. Ein deutscher Bildhauer lebt da, der sich in die Steine Mallorcas verliebt hat und aus ihnen merkwürdige, riesengroße Skulpturen baut, die mitten in der Landschaft stehen und zwar einen Namen haben, aber auch hundert andere Deutungen zulassen.

Es soll eine sehr gute alte Malerin geben, eine Russin, die jedoch keine Landschaften malt, und noch diese und jene, diesen und jenen anderen. Ich muß mich auf die Suche nach ihnen machen. Vielleicht finde ich ja eine oder einen, die oder der tatsächlich das mallorquinische Licht zu malen versteht.

Außer den bildenden Künstlern gibt es eine erstaunlich große Anzahl musizierender Menschen, nicht nur Gelegenheitsgitarristen wie unseren Freund Pablo, sondern auch junge und ältere Mallorquiner, die – zum Beispiel im Orchester, das die kleine Stadt Santanyí fördert, oder in Chören –

Mozart spielen und singen, Beethoven und alles, was sie glauben bewältigen zu können.
Wir haben im Mozartjahr zwei Konzerte in den Kirchen der Umgebung erlebt. Die Programme reichten vom »Türkischen Marsch« Mozarts über »An Elise« von Beethoven, über den »Triumphmarsch« aus Aida bis hin zum »Lied der Wolgaschlepper«. Es war ungeheuerlich!
Doch die Kirchen waren voll bis auf den letzten Platz, und nach jedem Konzertstück wurden Chor und Orchester stürmisch beklatscht. Ich gestehe, daß ich ebenfalls stürmisch geklatscht habe, weil mich diese Art und Weise, Musik zu machen, mehr anrührt und stärker beeindruckt hat als manches perfekte Konzert eines renommierten Orchesters und berühmter Solisten unter großen Dirigenten in Hamburgs edler Musikhalle.
Die Streicher, Bläser, Trommler, Sängerinnen und Sänger waren übrigens in der Mehrzahl erstaunlich junge Leute, den einen oder anderen von ihnen hatte ich schon hinter einem Ladentisch, in einem Büro oder in einer Werkstatt gesehen. Das fand ich besonders bemerkenswert.

*

Im letzten Drittel des September – und damit wollen wir vom Höhenflug ins Gefilde der Kunst wieder auf die Erde kommen –, im letzten Drittel des Septem-

ber beginnt für die *campesinos,* die Bauern, die Zeit der Mandel- und Johannisbroternte.
Den Bauern auf der Insel geht es vor allem dann nicht sehr gut, wenn sie vorwiegend Oliven und Mandeln angebaut haben. Der Markt wird von Jahr zu Jahr enger und schwieriger, die Preise sinken, weil amerikanische Produzenten billiger liefern können.
Das ist sehr hart für diejenigen, denen es an Möglichkeiten mangelt, an Flexibilität fehlt, auf andere Erzeugnisse umzusteigen, sich am Tourismusgeschäft zu beteiligen, das auch schon langsamer läuft, oder sonst einen Ausweg zu finden.
Klar, daß die alten, in Bedrängnis geratenden *campesinos* sauer sind und auf die EG schimpfen, auf den Sozialisten Gonzales in Madrid und seine Regierung und auf die Amerikaner.
Sie sagen, daß es unter Franco besser gewesen sei, jawohl – Arbeitslose und Kriminelle, Schwarze und Rauschgift hätte es auch nicht gegeben, jawohl! –, und es werde allerhöchste Zeit, daß endlich wieder ein starker Mann käme, der durchgreift ... Na ja, das Lied kennen wir ja aus Deutschland auch.
Die *algarroba* – Johannisbrot-Bauern sind wohl noch ein bißchen besser dran, weil die schwarzen, trockenen Hülsenfrüchte, in ihrer Form großen Bohnen ähnlich, für den begehrten *palo* gebraucht werden, einen dickflüssigen, herbsüßen Likör, der als Aperitif getrunken wird, aber auch nach dem

Essen und zwischendurch als Longdrink auf Eis gut schmeckt und als magenfreundlich gilt.
Daneben verwendet die Pharmaindustrie Johannisbrot für bestimmte Medikamente, und das gewährleistet den Absatz der harten, trockenen Früchte, die mit langen Stöcken von den knorpeligen Bäumen in ausgebreitete Tücher oder Netze geknüppelt, in Säcke gefüllt und zur Weiterverarbeitung in eine Art Mühle gekarrt werden, wie eine am Ortsrand von Alqueria Blanca zu finden ist.
Bei der Oliven-, Mandel- und *Algarroba*-Ernte sind oft die ganzen Familien im Einsatz.
Diese Ernten haben etwas Archaisches, denn weder Oliven noch Mandeln, noch Johannisbrotfrüchte können mit Maschinen geerntet werden. Das muß seit alters und auch heute noch per Hand und Muskelkraft geschehen, und ich bin sicher, daß die Frauen, Männer und Kinder mit ihren großen Strohhüten und in ihrem Drillichzeug unter den Bäumen vor hundert oder fünfhundert oder noch mehr Jahren bei der Arbeit und in den Pausen das gleiche Bild geboten haben wie heute.
Auch der zweirädrige Mauleselkarren am Rande der Plantage, auf den die vollen Säcke geladen werden, hat immer so ausgesehen wie heute ...
Der dürre Esel im Schatten unter dem Karren hat immer schon so gehechelt ... Und das kleine Feuer am Rande hat immer schon gebrannt, auf dem zu

Mittag die *sobrasada,* die rote Wurst, geröstet wurde und wird.
Hier ist die Zeit, wie es scheint, tatsächlich stehengeblieben.

*

In einer Beziehung ist die Zeit jedoch nicht stehengeblieben: Gegen Ende September werden die Badebuchten und -strände ein bißchen leerer. Vor allem dort, wo die Mallorquiner sich sonnen und schwimmen, wird es deutlich, daß die spanischen Sommerferien vorüber sind.
Für den Verehrer und Bewunderer weiblicher Schönheit ist das schade, denn die jungen Mallorquinerinnen, so zwischen Vierzehn und Vierundzwanzig, sind in der Mehrzahl besonders hübsch, nein: schön anzuschauen. Sie sind von einer ganz eigenen Grazie und würden mit ihrer Hautfarbe, die an Nougat erinnert, ihren dunklen Augen und ihrem schwarzen Haar in jedem nordeuropäischen Schönheitswettbewerb große Chancen haben. Daß ihre Stimmen oft dem Messerkratzen auf Steingut gleichen, ist für den Zuschauer unwichtig, zumal er ohnehin nicht verstehen kann, was sie reden und rufen, wenn er nicht Mallorquin beherrscht.
Seit gut einem halben Dutzend Jahren hat sich bei den meisten Mädchen und Frauen zu unserem Erstaunen die Freizügigkeit durchgesetzt, »oben

ohne« zu schwimmen und in der Sonne zu liegen. Das wäre früher völlig undenkbar gewesen.
Ich entsinne mich noch genau der grimmig blickenden Guardia-Civil-Männer, die als Sittenwächter die Strände kontrollierten und barbusigen Damen hohe Geldstrafen aufbrummten.
Die Freizügigkeit entspricht gewiß nicht den Moralbegriffen der Kirche, ob sie jedoch zur beklagten Verwilderung der Moral führt, wage ich zu bezweifeln, wenn das Leben auch insgesamt etwas lockerer – leichter – geworden ist.
Das, was einem meiner Freunde vor bald fünfundvierzig Jahren in Spanien widerfahren ist, wird heute kaum noch geschehen: Er hatte sich beim Einkaufen in Barcelona Hals über Kopf in ein Mädchen verliebt, das hinter dem Ladentisch stand und – seinem begeisterten Bericht nach – geradezu umwerfend gut aussah.
Entflammt wie er war, hatte er allen Mut zusammengenommen, noch einen zweiten – eigentlich unnötigen – Einkauf gestartet und hatte die Bildschöne um ein Stelldichein gebeten.
Es lief irgendein berühmter Hollywoodfilm, und er hatte sie eingeladen, mit ihm ins Kino zu gehen. Zu seiner freudigen Überraschung hatte sie lächelnd zugesagt: »*Si, Señor,* heute abend um acht!«
Er hatte sich schön gemacht und aufgeregt ausgemalt, was das für ein Abend werden würde – an die Nacht wagte er nicht zu denken, aber immerhin:

Kino, Händchenhalten, Heimweg im Dunklen, vielleicht gar ein Kuß ...! Er war eben über Zwanzig und, wie gesagt, verliebt wie ein Kater im Mai.
Eine halbe Stunde vor der Zeit stand er schon am Kinoeingang – dann kam sie.
Sie kam.
Und mit ihr kamen ihre Eltern, ein älterer Bruder nebst Frau und eine Tante ... sechs Personen, die sich alle fröhlich-wortreich für die Einladung bedankten.
Mein entsetzter Freund mußte sieben Kinokarten kaufen, an Händchenhalten war nicht zu denken, weil er zwischen Mutter und Vater plaziert wurde, aber einen Kuß bekam er – und zwar als Dankeschön von der Tante nach der Vorstellung.
So streng waren seinerzeit die Sitten ...

Cala Mondragó

OKTOBER

Einer der schönsten Monate auf Mallorca ist für mich der Oktober. Er ist in seinen Farben fast der eintönigste, weil der Sommer alles außer den Pinien und ein paar immergrünen Büschen grauhellbraun gebrannt und staubig gemacht hat. Nur einzelne Bäume haben Herbstfarben: Der Granatapfelbaum ist knallgelb, der Kakibaum ist leuchtendrot – und die Weinfelder und -berge sind bunt. Dazu kommen die leuchtenden, reifen Orangen und Mandarinen, aber im ganzen ist das Land einfarbig, weil jedes Grün in dieser Jahreszeit fehlt. Doch die Hitze ist vorbei, die Nächte werden länger und allmählich kühler, und das Baden ist ein reines Vergnügen, weil das Meerwasser noch bis in den November hinein warm ist, manchmal sogar wärmer als die Luft.

Die großen Urlaubszentren und Clubs schließen, der Anblick rothäutiger Dicker in Bermudashorts wird seltener, die Köche, Kellner und anderen Saisonarbeiter, die vom Festland für fünf, sechs Monate auf Mallorca waren, um Moneten zu machen, verlassen die Insel.
Einige fahren nicht weg, ohne zuvor noch diese oder jene wohlhabend aussehende Behausung aufzubrechen und nach Beute zu durchsuchen, darüber hinaus, wenn es sich ergibt, dieses oder jenes unbeaufsichtigte Auto zu knacken oder auf sonstwie illegale Weise den Sommerverdienst noch ein bißchen aufzubessern.
Das ist anderswo nicht anders, also keine Spezialität Mallorcas, nur häuft es sich hier im Oktober, weil der Abflug oder die Abreise per Schiff ideal sind, um Spuren zu verwischen.
Die Mallorquiner selbst behaupten, daß Mallorquiner ehrliche Leute und keine *ladrones* und *bandidos,* also Räuber, seien.
Wir können das aus Erfahrung bestätigen, schließen aber trotzdem auch in den Monaten außerhalb der Saison unser Haus ab, wenn wir weggehen, denn wir glauben an den Wahrheitsgehalt des alten Sprichworts: »Nicht die Maus ist der Dieb, sondern das Loch!«
Bis vor acht oder zehn Jahren war das noch nicht so. Da ließen wir unbesorgt die Fenster offen und die Türen des Franzosenhauses, in dem wir wohn-

ten, unverschlossen. Kamera, Paß, Armbanduhr, Geld, Schmuck – alles konnte liegen bleiben, nichts kam abhanden. Aber heute ist das vorbei, die Langfinger und Einbrecher gehören auch hier zu den Begleiterscheinungen des Wohlstands – und werden immer dreister.

Meinem spanischen Freund und Kollegen Guy ist folgendes passiert: Er hat in der Wohnhalle seines wundervollen Hauses an der Schreibmaschine gesessen und – mit dem Rücken zur Eingangstür – irgendwas getippt. Seine Frau war ins Dorf zum Einkaufen gefahren.

Nein, nicht mit dem Auto, auch nicht mit dem Fahrrad, sondern mit dem zweirädrigen Eselskarren, vor den sie *Dunja,* ihre bunte Eselin, gespannt hatte.

Guys stets malerisch-elegant gekleidete Frau, eine Porzellanschönheit von mehr als sechzig Jahren mit einer Schneiderpuppen-Figur, gehörte samt ihrem Eselskarren und der bunten Eselin – die sie zweimal in der Woche mit Shampoo wusch – zu den liebenswerten Kuriositäten der Gegend.

Kurzum: Hinter meinem Freund klappte eine Tür. Guy rief, ohne sich umzudrehen: »Bist du's, Hildegard?«, und tippte, als keine Antwort kam, in der Annahme weiter, seine Frau sei mit ihrem Einkaufskorb in die Küche gegangen.

Eine halbe Stunde später klappte die Tür wieder, und Hildegard rief: »Ich bin zurück!«

Das kam ihm seltsam vor; er stand auf, fragte nach, schöpfte Verdacht, begann, sich umzusehen und stellte zusammen mit der entsetzten Gattin fest, daß im Schlafzimmer die Stutzuhr, eine Silberschale und Hildegards Schmuckkassette verschwunden war.

Ihr gesamter Besitz an Preziosen – weg! Und sie hatte wirklich herrliche Ketten, Armreifen, Broschen und Ringe. Geschmeide aus Gold und Silber, edelsteinbesetzt, zum Teil Handarbeit aus Indien, Mexiko und sonstwoher, denn die beiden sind weitgereiste Weltenbummler.

Hildegard war außer sich.

»Seht mich an!« rief sie, als wir sie am Abend trafen. »Seht nur, ich habe nichts mehr – absolut nichts! Ich bin nackt und bloß – alles ist weg!«

Der Dieb war am hellichten Tag ins Haus und ohne Scheu hinter dem schreibenden Hausherrn ins Schlafzimmer gegangen und hatte sich seelenruhig bedient.

So dreist, meinte Guy, könne nur ein Profi sein, also käme nur einer vom Festland als Täter in Frage – denn erstens gäbe es unter den Mallorquinern keine Diebe und zweitens so dreiste sowieso nicht.

Zwei Tage drauf stellte sich heraus, daß Guy recht hatte: Der Dieb war kein Mallorquiner, sondern einer aus Barcelona, und er war nicht nur dreist, sondern – zum Glück – auch dumm.

Er hatte nämlich einige der Schmuckstücke zum

Schätzen zu einem Juwelier in Felanitx gebracht, ausgerechnet zu dem, der eine der Broschen – eine besonders kostbare – kurz zuvor repariert hatte. Der Juwelier hielt den Dummkopf auf, rief die Polizei – und die fand im Quartier des Ganoven Hildegards Schmuckstücke bis auf einen Ring wieder.

Die beiden, Hildegard und Guy, sind nicht nur gute Freunde für uns, sondern auch höchst bemerkenswerte Nachbarn und Mitbewohner Mallorcas.

Das heißt, seit drei Jahren sind wir nur noch zeitweise zusammen auf der Insel, denn Guy hat sein Traumhaus verkauft, weil es ihm zu groß und zu kostspielig wurde. Die Löhne für Gärtner und Köchin sind mehr als hundertmal höher als vor dreißig Jahren.

Damals erhielt eine *Criada,* eine Haushaltshilfe, vier oder fünf Peseten pro Stunde, heute ist unter sechshundert keine zu kriegen.

Unsere Freunde haben also schweren Herzens Haus und Riesengrundstück verkauft und sind in eine Wohnung im nächsten größeren Ort umgezogen.

Da kann Hildegard leider nicht mehr mit ihrer frisch-schamponierten Dunja vor dem Eselskarren zum Einkaufen fahren, aber das vermissen wir mehr als sie.

Außerdem haben sich die beiden eine Wohnung in Rom eingerichtet, ja, in Rom. Die Deutsche und der

Spanier in Italien ... und ich gebe zu, daß ich das nicht ohne Neid bewundere.
Hildegard und Guy sprechen perfekt und ohne Akzent fünf Sprachen. Wir waren mal zu einer Party auf der Terrasse des Hauses am Meer eingeladen. Da waren Spanier, Franzosen, Italiener, Engländer und Deutsche aller Schattierungen zu Gast. Und unsere Freunde sind mit uns Neuen von Gruppe zu Gruppe gegangen, um uns vorzustellen, und sie haben – quasi im Gehen – die Sprache gewechselt. Das war überwältigend! Hildegard spricht übrigens auch noch Russisch. Doch Russen gab's auf der Party nicht ...

Apropos die oben erwähnte Ehrlichkeit: In diesem Zusammenhang möchte ich von Guillermo berichten, von dem anfangs schon mal die Rede war.
Guillermo, der in Wirklichkeit anders heißt, aber großen Wert auf Verschlüsselung seines Namens legt, weil er ja eine »kriminelle« Vergangenheit hat – Guillermo also ist, wie schon erwähnt, in den ersten zwölf oder fünfzehn Jahren nach dem Krieg Schmuggler gewesen.
Damals war Schmuggel ebenso verboten wie heute, aber es galt als Kavaliersdelikt. Erfolgreiche Schmuggler genossen die Hochachtung, wie sie bei uns zulande – zum Beispiel im Bayerischen – wagemutige Wilderer genossen, die den Großgrundbesitzern oder dem Staat die Rehböcke wegschossen.

Es kam hinzu, daß die mallorquinischen Schmuggler eine verschworene Gemeinschaft waren, die mit der illegalen Einfuhr von Luxusartikeln wie Nylonstrümpfen zwar den Fiskus schädigten, der die begehrten Sachen durch immense Zölle für die Leute unerschwinglich machte, die daneben jedoch auch für preiswerten Kaffee, Zucker, Tabak und für Medikamente sorgten, die »regulär« zu teuer oder gar nicht zu kriegen waren.
Guillermo, heute Anfang Siebzig, ein schwerer, behäbig gewordener Mann mit listig-lustigen Augen, soll, so sagen die Eingeweihten, jahrelang eine Art *rey de contrabandistas,* König der Schmuggler, gewesen sein.
Es soll irgendwo in der Nähe sogar eine Schule gegeben haben, in der die Schmugglergilde ihren Nachwuchs ausgebildet hatte, und Guillermo soll diese Schule gegründet und geleitet haben, wird erzählt.
Ich kann mir das schon vorstellen, denn die jungen Leute, die übers Meer fuhren, mußten ja einiges von Navigation und so weiter wissen.
Zusammen mit meinem spanischen Freund Guy, einem alten Journalisten der Welt-Spitzenklasse, der heute aber nur noch wenig arbeitet, zusammen mit Guy also habe ich viele Nachmittage den guten alten Guillermo ausgehorcht.
Es war ein Segen, daß Guy dabei war, denn immer, wenn der Alte ins Erinnerungsschwärmen geriet,

sprach er Mallorquin, jene einheimische Sprache, und das hätte ich ohne Guys Hilfe, wie gesagt, nicht verstanden.
Dann würde ich nie von den Abenteuern erfahren haben, die Guillermo auf seinen Schmuggelfahrten zwischen Tanger, Afrika und Mallorca erlebt hatte.
Von all seinen Berichten über rasante Verfolgungsjagden auf dem Meer, über Fluchten, Verstecke, Ängste und Aufregungen ist mir eine kleine Schilderung besonders im Gedächtnis geblieben, die ich so witzig finde, daß sie wiedergegeben werden soll, weil sie auch zeigt, wie gut die »Zusammenarbeit« der Inselbevölkerung mit ihren Schmugglern war: Die größeren und schnelleren Boote, die aus Tanger, Gibraltar, Tunis die Ware brachten, wurden nachts an bestimmten Stellen erwartet.
Sie fuhren, sobald sie in die Nähe der Küste kamen, ohne Beleuchtung und mit gedrosselten Motoren so leise wie möglich bis auf eine oder anderthalb Seemeilen heran und signalisierten mit ganz kurzen Lichtzeichen den Kumpanen ihre Ankunft, veränderten dann sofort die Position, um an anderer, vorher ausgemachter Stelle zu ankern. Die Polizei-Wachsamkeit mußte ja ausgetrickst werden.
Die wartenden Kumpane saßen meist in kleinen Ruderbooten, fuhren los, sobald sie die Zeichen gesehen hatten, luden draußen auf See die Kisten, Kästen, Kartons und Säcke um und brachten sie in die Höhlen an der felsigen Küste, die nur vom

Wasser aus zu sehen und meist auch nur von da aus zugänglich sind.
Es gibt sehr viele solcher Höhlen – besonders an der südöstlichen Kante Mallorcas.
Auch neben unserem Haus sind mehrere, zum Teil tiefe mit bizarren Formen, die das Meer im Laufe von Jahrhunderten ins Gestein gespült hat.
Dort also, in höher gelegenen, trockenen Nischen, verstauten die Schmuggler ihre heiße Ware. Denn es war oft zu viel, als daß sie es in derselben Nacht noch hätten weitertransportieren und vor den Sicherheitskräften in Sicherheit bringen können, die, vor allem in den mondlosen Nächten, oben im Pinienwald auf der Lauer lagen, wenn mit Aktionen der *contrabandistas* zu rechnen war.
Sooft ich heute mal ein Stück in eine der Höhlen neben unserem Haus hineinschwimme – nicht allzuweit hinein, denn ein bißchen unheimlich ist das sehr tiefe, schwarze Wasser darin doch, und ich bin kein so guter Schwimmer, um vor irgendeinem Ungeheuer fix ausreißen zu können –, wenn ich also da hineinschwimme und mir die trockenen Felsvorsprünge, Nischen und Erker ansehe, dann male ich mir aus, was da wohl gelegentlich für Schätze gelagert worden sind: ein paar tausend Stangen Zigaretten, einige Zentner Kaffee, mehrere hundert Kartons Whisky oder Cognac ... mitunter ein Vermögen an Schleichhandelsware, oft tagelang versteckt und ohne Aufsicht ...

Der Abtransport aus den Höhlen über die Felsen in die Fahrzeuge ist sicher Knochenarbeit und der gefährlichste Teil des Unternehmens gewesen.
Das gewiefte Schlitzohr Guillermo hatte allerdings verstanden, Erleichterung zu schaffen, indem er zum Beispiel einem dänischen Bungalowbesitzer, der an der Steilküste, über mehreren Höhlen gelegen, ein Haus besaß, eingeredet hatte, er müsse aber unbedingt, um im Meer baden zu können, eine bequeme Treppe in den Felsen bauen.
Als der arglose Däne, ein netter, vermögender Mann, sich hatte überzeugen lassen, half Guillermo ihm mit seinen Beziehungen, die zwanzig Meter hohe Treppe angelegt zu bekommen.
Sie führt direkt an einer großen Höhle vorbei. Unten ist eine Plattform mit Badeleiter; wirklich alles sehr bequem – nicht zuletzt für die Schmuggler.
Ich bin nicht sicher, ob unser dänischer Nachbar sich im klaren ist, welche Dienste seine Badetreppe getan hat, die nun schon seit fast zwei Dutzend Jahren hinunter zum Meer und hinauf in den Wald führt.
Eine weitere Schwierigkeit und Gefahr für die illegalen Importeure war, daß die Guardia Civil nach solchen Aktionsnächten anderntags die Reifenspuren der Fahrzeuge finden konnte, mit denen die Konterbande ins Inselinnere geschafft worden waren.
Aber da hatten sich – und nun kommt der so

einfache und zugleich geniale Trick –, da hatten sich die Schmuggler die Hilfe des Schäfers gesichert: Nach jedem nächtlichen Transport trieb der Schäfer im Morgengrauen seine hundertköpfige, also vierhundertbeinige Herde über die Sandwege und Schotterstraßen oben an der Schmuggelküste – und danach gab es keine Autoreifenspuren mehr. Heute wäre das nicht mehr möglich, da viele Straßen inzwischen asphaltiert sind, aber heute ist sowieso alles anders.

Die Schmuggler wie Guillermo haben den Schleichhandel zur See aufgegeben. Guillermo sagt: »Es ist ein böses Geschäft geworden, seit Drogen im Spiel sind. Damit wird es kriminell – und wir waren ehrliche Schmuggler, Martin! Ja, klar, wir haben nicht nur aus Menschenliebe mit unserer Arbeit so teure Sachen für die Leute billiger gemacht, sondern wir haben auch ans Geldverdienen gedacht. Aber ich könnte noch so viel verdienen, Drogen würde ich nicht schmuggeln, das kannst du glauben!«

Ich glaube ihm gern, denn er ist ein gradliniger und aufrechter Mann, immer hilfsbereit und freundlich. Da er alle Welt und alle Welt ihn kennt, ist Guillermos Zuneigung von unschätzbarem Wert.

Wenn es zum Beispiel um irgendwelche amtlichen Fragen geht, schlurft er für uns zu den Behörden, wo er überall *amigos* sitzen hat, und regelt, was irgend zu regeln möglich ist.

Er liebt die Deutschen, weil er als ganz junger Bursche, mit sechzehn oder siebzehn Jahren, mal ein paar Monate irgendeinen Hilfsarbeiterjob beim Bodenpersonal der berühmt-berüchtigten deutschen »Legion Condor« hatte und, ohne jede Ahnung von der bösen Funktion jener Fliegertruppe, sich dort sehr wohl gefühlt hat.
Danach also ist er erst Schmuggler geworden.
Daß er außer »Heil Hitler« nur das eine deutsche Wort »Schafe« kennt – warum ausgerechnet Schafe, ist völlig unerklärlich –, mindert unsere Sympathie für ihn und seine Frau nicht, zumal er zu mir nur einmal »Heil Hitler« gesagt hat und inzwischen weiß, wo dieses Heil hingeführt hat.
Er trauert gewiß seinem einst abenteuerlichen Leben nach, glaube ich, denn wenn er uns besucht, wobei er immer irgendwas mitbringt: mal eine Netzmelone, mal Aprikosen von seiner Finca, dann sitzt er auf der Terrasse und schaut durch mein Fernglas stumm aufs Meer, hält Ausschau nach Segelbooten, Motoryachten oder Fischkuttern und macht ein sehnsüchtiges Gesicht ...

*

Sicher gibt es überall auf der Welt bemerkenswerte, außergewöhnliche, kuriose Figuren – aber mir kommt es manchmal so vor, als häuften sie sich auf Mallorca.

Vielleicht fällt es mir hier besonders auf, weil ich mehr Muße habe, mich umzusehen, auch mehr Lust auf Entdeckungen, mehr Sinn für Menschen und Geschehnisse außerhalb der Norm.
Da ist zum Beispiel gleich nebenan, hundert Schritte den Schotterweg entlang, ein Haus, nein, ein Chalet, nein, noch richtiger: ein burgähnliches Wohngebäude mit dickem, rundem Turm und zwei Seitenflügeln. Das Ganze ist von einer meterhohen Mauer begrenzt; ein zweiflügeliges Tor, vor dem der Weg endet, erlaubt durch große, eingebaute alte Wagenräder einen Blick auf das Grundstück, das direkt über dem Meer auf dem felsigen Steilufer liegt und mehr als fünfzigtausend Quadratmeter groß ist.
Das Gebäude ist von einem Garten umgeben – was hierzulande so Garten genannt wird, Agaven, Oleanderbüsche, bizarre, wetterfeste Pflanzen aller Art – und geht über in einen Pinienwald, der sich bis zur nächsten kleinen Bucht erstreckt, einer Sandbucht mit türkisblauem Wasser.
Das Anwesen gehört einer englischen Witwe, die, so sagen die Leute, vier oder fünf immens reiche Männer überlebt – und beerbt hat.
Früher kam sie im Auto, einem mächtigen Reisewagen der Luxusklasse. Sie kam mit Chauffeur und spendete ein hoheitsvolles Winken und Lächeln unter ihrem Riesenhut, wenn sie uns an der Seite stehen sah.

In den letzten drei, vier Jahren ist sie immer seltener gekommen. Es heißt, sie fürchte sich allein in dem burgähnlichen Gemäuer.
Das kann ich gut verstehen, denn es ist zum Fürchten da drin. Im Sommer, bei fünfunddreißig Grad im Schatten, mag das ja noch angehen zwischen den dicken Mauern, in den hohen, düsteren Räumen, die noch dazu mit schwarzen, steifen Möbeln ausgestattet sind. Aber im Frühjahr, Herbst und Winter, wenn die Sonne nur von neun bis fünf Uhr scheint, muß es grauslich sein in der kalten Behausung, die für mich nach Mittelalter und Inquisition riecht, obschon sie erst vierzig Jahre alt ist.
Das Innere des Besitzes hat mir Mathias, der Gärtner, mal gezeigt. Er hat mich, als ich durch das offenstehende Tor um den Turm herum zur Sandbucht spazierte, angesprochen und gefragt, ob ich nicht mal einen Blick hineinwerfen wolle in das Chalet der Donna C., wie er seine Brötchengeberin, die Lady, nennt. Als ich bejahte, hat er mich durch das ganze Haus geführt, stolz, als sei es sein eigenes, und hat mich in alle Gästezimmer, in die Wohnhalle mit dem großen Kamin gucken lassen und mir – die Wendeltreppe hoch – im Turm auch das runde Schlafgemach der alten Dame vorgeführt und dazu erklärt, daß der prachtvolle Baldachin an den gedrechselten Säulen über dem breiten Bett ein Bischofsgewand aus dem 18. Jahrhundert sei.

Ich habe meinen Zweifel für mich behalten und Mathias auch nicht gefragt, warum alte Witwen ausgerechnet unter einem Betthimmel schlafen müßten, der aus einem Bischofsmantel sei – denn das hätte mir Mathias sicherlich kaum beantworten können.
Mathias ist der Gärtner der Lady C.; es leuchtet ein, daß zu soviel englischem Ambiente – düsteres Schloß mit Turm am Meer, alte Witwe mit viel Geld –, daß dazu auch ein Gärtner gehört.
Aber Mathias ist zur Figur einer Agatha-Christie-Story nicht geeignet, weil er kleinwüchsig, knochig-knorpelig, immer vergnügt ist und so heftig nach Knoblauch riecht, wie es in Agatha Christies Krimis nicht vorkommt.
Wir sind im Laufe der Jahre beinahe so was wie Freunde geworden, Mathias und ich, tauschen unsere Erfahrungen mit den klapprigen Herzen aus, an denen wir beide leiden, und reden von unseren Hunden, vom Wetter und von den Gärten.
Er versteht sehr viel davon, er weiß, wann man hier am Meer in der steinigen Erde was und wie pflanzen, düngen, wässern, beschneiden muß, und schenkt mir mal diesen Ableger, mal jenen Samen.
Unsere gegenseitige Sympathie hat auch nicht darunter gelitten, daß Mathias schon ein paarmal – wie es sich eigentlich für so einen Waldschrat, so einen Faun gehört – weibliche Gäste unseres Häuschens

ins unbewohnte Chalet der Lady gelockt und sie zu umarmen und zu küssen versucht hat, was bei einigen erschreckte Heiterkeit, bei einigen Entsetzen auslöste. Wir warnen jetzt unsere Besucherinnen, und Mathias wundert sich wahrscheinlich, daß keine, die er zur Besichtigung einlädt, das Innere des düsteren Schlosses mehr sehen will ...

*

Im Oktober wird es zum Glück auch auf dem Wasser wieder ruhig, wo in den Sommermonaten das Motorengeknatter manchmal richtig lästig ist. Im benachbarten Yachthafen Porto Cari liegen Hunderte Segelschiffe, vom einfachen Boot bis zum luxuriösen Zweimaster. Daneben und dazwischen gibt es Motorboote, irre Rennboote der Superklasse, Hochseeyachten, richtige Schiffe mit Besatzung und allem erdenklichen Komfort.

Es sind sowohl bei den Segel- als auch unter den Motoryachten welche zu sehen, die schon bei der Anschaffung Millionen kosten. Millionen Mark oder gar Dollar, wohlverstanden, und ich frage mich – neidlos, wirklich völlig neidlos, weil ich mit dem Wassersport nichts am Hut habe –, ich frage mich, wer so was bezahlt und aus welchem Portemonnaie so ein Ding finanziert wird. Denn mit dem Kaufpreis ist es ja nicht getan. Ein Liegeplatz im Hafen bei Cala D'Or kostet mal eben zehntausend

Piepen pro Jahr, von den Ersatzteilen und Überholungen der Kähne ganz zu schweigen. Aber es muß eben doch eine ganze Menge Menschen mit so viel Geld geben.

Der Freund einer guten Bekannten hier auf Mallorca arbeitet am Hafen Porto Cari als technischer Leiter einer englischen Werft, die besonders teure, berühmt luxuriöse Motorboote baut. Er hat mir verraten, daß sie seit 1985 alljährlich etwa fünfzehn bis zwanzig solcher Motoryachten verkaufen, keine unter einer Dreiviertelmillion, die Mehrzahl über eine Million, einige zwei Millionen Mark teuer oder noch mehr.

Als ich ihn verblüfft fragte, was das denn für Leute seien, die sich so was leisten könnten, erwiderte er: »Viele Deutsche, einige Engländer und wenige Franzosen, der Rest Afrikaner, meist aus der Ölbranche. Manche bringen das Geld im Koffer mit und wollen weder Rechnung noch Quittung, weil es wohl schwarzes Geld ist – weiß der Kuckuck, woher!«

Ja – da kann unsereiner nur tief Luft holen und sich wundern, zumal wenn er gleichzeitig hört und liest, wie schlecht es um die Lage der Unternehmer – zum Beispiel in Deutschland – bestellt ist. Mich kratzt oder kränkt das nicht, da ich, wie gesagt, ohnehin kein Wassersportfreund bin – aber daß die Großkotze mit ihren Motorengedröhn im Sommer unsere Idylle stören, die Kormorane und Möwen

vertreiben und zu allem Überfluß ihren Wohlstandsmüll ins Meer kippen, das ist ziemlich schlimm.
Doch im Oktober – siehe oben – ist der Spuk vorbei, Gott sei Dank, dann zersägt auch keines der kleinen Wassermotorräder, die es neuerdings gibt, unsere Siesta mehr ... und das Meer gischtet wieder und der Wind rauscht in den Pinien – und wenn mal ein Ruf zu hören ist, dann ist es ein Fischer, der draußen einem anderen Fischer was zuruft.
Denn die Fischer sind nun auch wieder da, weil keine Gefahr mehr besteht, von so einem Raser gerammt zu werden, und weil es nun auch wieder Fische gibt, die in den Sommermonaten die Lärm-Gewässer fliehen.
Bei den Rufen der Fischer fällt mir etwas ein, das ich fast schon vergessen hatte: Ganz am Anfang unserer – damals sporadischen – Besuche auf Mallorca, als das Meer auch in den Sommermonaten, jedenfalls in unserer Ecke der Insel, noch still war, schipperten die Fischer manchmal nahe an der Felsenkante entlang, auf der wir in der Sonne lagen.
Da kam es vor, daß einer rief und uns von Bord seines Kahnes aus Fische anbot. Und wir sind ins Wasser gesprungen, eine Plastiktüte mit ein paar Münzen – zweihundert oder dreihundert pesetas – zwischen den Zähnen, und zu dem Fischerboot geschwommen, wo der jeweilige Juan oder José oder Carlos das Geld aus dem Beutel nahm und ihn

mit frisch gefangenen *Rape* (Seeteufel) oder *Merluza* (Seehecht) füllte.
Geschmeckt haben die Fische natürlich wundervoll, wenn es nur für uns sensible Großstädter nicht so entsetzlich gewesen wäre, die noch schnappenden Tiere zu töten und auszunehmen, was immer dann sein mußte, wenn unsere *Criada,* die mallorquinische Hilfe, nicht da war, die das ohne Wimperzucken konnte.

Sobald der Oktober zu Ende geht, wird es Zeit, sich um Feuerung für den Winter zu kümmern. Der »Winter« – auf spanisch *invierno* –, der *invierno* auf Mallorca also hat mit dem Winter in Deutschland wenig Ähnlichkeit.
Ja, es wird – zum Glück – ein bißchen kühler, es gibt Regentage, richtiger Regen*stunden,* denn tagelanger Regen ist sehr selten, und die Nächte können sogar kalt sein. Kalt, das heißt, das Thermometer kann auf 2–4 °C über Null fallen.
Ein neuer Geruch stellt sich ein: Es riecht oft nach Holzfeuerrauch. Die Mallorquiner sind sparsam mit Holz. Sie sammeln Reisig und machen nur Feuer, wenn es unumgänglich ist.
Frost haben wir in den sechs, sieben Wintern, die wir bisher auf der Insel geblieben sind, vielleicht ein halbes Dutzend Mal für wenige Stunden erlebt, und Schnee überhaupt nur zweimal, zwei Zentimeter hoch und nicht länger als drei Stunden nach Son-

nenaufgang. Doch es ist ratsam, schon Ende Oktober für das Holz zu sorgen, das wir in dem schönen gußeisernen Ofen mit den Marienglasscheiben an den Abenden verheizen.
Am besten ist Mandel- oder Olivenholz, das ofenfertig geschnitten »frei Haus« bestellt werden kann und geliefert wird. Der Lieferant ist Miguel, mit dem Beinamen *Con motor* oder *Llenya,* das heißt Holz, denn es gibt mehrere Miguels in der Umgebung, jenen *Con camion* – der mit dem Lastwagen, der uns die Steinplatten brachte und dafür einen *besamo* von der Señora wollte – und einen Miguel, der Autos repariert.
Miguel, der Holzlieferant, hat eine dicke, sehr resolute, sehr laute und immer lachende Frau und ich weiß nicht wie viele, aber bestimmt fünf oder sechs Kinder.
Die Familie lebt von dem mächtigen, alten Fahrzeug, das Schaufelbagger, Schlepper, Planierraupe, Traktor in einem ist und mit dem Miguel durch die Gegend rattert und dröhnt, mal um schwere Steine aus der Erde zu hebeln, mal um einen Baum zu fällen, mal um eine Schaufel Kies oder Erde irgendwohin zu schaffen oder um Gelände zu planieren.
Immer ist Miguels kleiner, quirliger Hund dabei und oft eins seiner Kinder, meist barfuß, braungebrannt, sommersprossig und wild auf Bonbons und Limonade.
Das Holz, das Miguel im Sommer zusammengetra-

gen, geschlagen und zurechtgesägt hatte, wird von Bernardo gebracht, einem anderen Mann aus dem Dorf, der einen Lastwagen besitzt. Denn mit Miguels »Motor« sind höchstens zehn Zentner zu transportieren, niemals aber die achtzig, die wir brauchen und bestellen.
Das ist jedesmal eine große Aktion.
Immer wieder wiegt Miguel bedenklich den Kopf, erklärt, daß es gerade jetzt sehr schwierig sei, daß sein Holz noch nicht gesägt, daß der Transport nicht möglich sei, weil Bernardos *camion* kaputt sei oder woanders gebraucht werde ... und so weiter, und so weiter.
»Aber ich mach' das für Sie irgendwie möglich, Señor Martin, für meine Freunde mach' ich ja alles, *claro!* Also, *mañana* – morgen – spätestens *pasado mañana* – übermorgen!«
Das ist eine mallorquinische Masche, auf die man sich einstellen und mit der man leben muß: Sie erklären fast alle – Marguerita, Pablo, Guillermo, Miguel, Bernardo oder wer auch immer –, daß es schwierig, ja fast unmöglich sei, zu erfüllen, zu besorgen, zu regeln, was man wünscht, braucht, geregelt haben möchte.
Sie wiegen fast alle und fast immer bedenklich die Köpfe, runzeln die Brauen und machen ernste Gesichter, um dann zu erklären, ja, daß sie das aber trotz aller Schwierigkeiten machen würden – ja, für uns, für Freunde, täten sie eben alles!

Also kommen Bernardo und Miguel am übernächsten Tag, kippen uns mit viel »Hoo!« und »Hee!« – das im Spanischen genauso klingt wie im Deutschen – den Berg Holzscheite so vor den Eingang, daß keiner mehr rein oder raus kann.
Dann fangen sie – nach einem Bier und der entsprechend hilfsbedürftig vorgetragenen Bitte – auch noch an, so viele Scheite beiseite zu räumen und mit der Schubkarre hinters Haus zu fahren, daß wenigstens ein Gang frei wird.
Und wir sind nun überschwenglich dankbar, wie es sich gehört und wie es erwartet wird, und wir legen noch ein paar hundert Peseten zu »für Blumen oder Schokolade für eure Frauen ...!« – und alle sind zufrieden: Miguel und Bernardo darüber, daß ich ihnen gesagt habe, wir wären ohne ihre Hilfe ja aufgeschmissen gewesen, und wir über den mächtigen Holzstapel, mit dem wir den Winter überstehen werden.

NOVEMBER

Um zu vermeiden, daß durch meinen obigen Bericht jemand den Eindruck gewinnen könnte, die erwähnte »mallorquinische Masche« sei aus Berechnung geboren, die Insulaner machten oder erfänden nur Schwierigkeiten, um höhere Bezahlung zu erreichen, will ich jetzt und hier sofort richtigstellen: Das ist nicht so!

Es hat mit Wichtigtuerei zu tun, mit: sich selbst und anderen beweisen wollen, wie tüchtig und unentbehrlich man ist – und so weiter.

Aber mit Geldgier, Bluff oder Nepp hat es nichts zu tun.

Wenn sie sagen »... für einen Freund tue ich alles!«, darf man schon glauben, daß sie einen als Freund betrachten, denn so freigebig sind sie mit dem Titel sonst nicht.

Es gibt ein paar *Extranjeros* – Deutsche, Dänen, Franzosen und vor allem die reserviert lebenden Engländer –, die auf ihr Holz so lange warten müssen, wie es Miguel und Bernardo gefällt. Die würden auch nie zur *matanca* eingeladen.
Wir sind stolz, schon oft dazu eingeladen worden zu sein. Die *matanca,* das Schlachtfest, wird in den Dörfern alljährlich von November bis in den Januar in vielen Familien gefeiert.
Manche haben ihr Schwein selbst gemästet, andere haben es kurz vor dem Schlachtfest gekauft und ihm in einem Verschlag oder Stall hinterm Haus noch ein paar letzte Kilo angefüttert.
Ich habe nicht erfragen können, ob es überall Sitte ist, daß der örtliche Priester am frühen Morgen des Schlachttages kommt, um das Tier zu segnen, ehe es abgemurkst wird – ich weiß nur, daß es bei der Familie unserer *Criada* so ist.
Eigentlich ist das ungewöhnlich, denke ich, denn bei dem geringen Stellenwert, den Tiere – auch nützliche – in der gutkatholischen Ordnung haben, ist es doch ein Sakrileg, so was Seelenloses wie ein Schwein zu segnen. Vielleicht wird ja die Mahlzeit, der potentielle Schweinebraten, die zukünftige Wurst gesegnet.
Zum Festessen, ob mit kirchlichem Segen oder nicht, sind wir jedenfalls schon mehrmals eingeladen worden. Immer waren wir die einzigen *Extranjeros*.

Das hat uns zwar geschmeichelt, aber jedesmal wieder heftig angestrengt, denn wenn die Mallorquiner unter sich sind und der Wein ihre Zungen lockert, dann reden sie quer über die lange Tafel laut und lärmend in ihrer Sprache miteinander, so daß wir nur noch nach links und rechts lächeln und nicken und bestenfalls mal mit erhobenem Glas *salud!* sagen können – ohne auch nur im mindesten mitzukriegen, worüber gesprochen und gelacht wird.

Doch das Essen ist vorzüglich, sehr fett, stark gewürzt und wird in riesigen Mengen aufgetischt. Zu den Suppen und Fleischgerichten gibt es große, frische Rettiche in längs geschnittenen Streifen.

Das geht von der dicken Reissuppe *(arroz brut)* zu Beginn über Fleischklößchen, Innereien *(frito)*, Schmalzgebäck und Kuchen, bis zu Obst und Käse, gerösteten Mandeln und Granatäpfeln.

Dazu Wein und Kaffee und Likör – kein Wunder, daß binnen zwei Stunden der Fröhlichkeits- und damit zugleich der Geräuschpegel in besorgniserregende Höhen steigt.

Aber das ist kein Grund zur Besorgnis. Ich habe die Mallorquiner nie aggressiv erlebt, auch dann nicht, wenn sie einen in der Krone hatten.

Bewundernswert bei solchen Festen sind immer wieder die Frauen. Mit welcher Gelassenheit und Umsicht sie auch unter primitivsten Bedingungen für ihre drei bis vier Dutzend oder noch mehr Gäste kochen, braten, servieren, nebenbei die Kinder im Griff behalten und auch noch aufpassen, daß ihre Männer nicht blau unter den Tisch rutschen, das ist erstaunlich!

Die Matancas, die wir mitgemacht haben, fanden in leergeräumten Garagen oder Scheunen, großen Fluren oder ineinander übergehenden Wohnräumen statt.

Meist herrschte drangvolle Enge, und trotzdem wurden auf einfachen, großen Gaskochern in einer Ecke die Suppe und das Fleisch gegart, der Kaffee gekocht, das Wasser zum Geschirrspülen heißgemacht ... und so weiter.

Die Frauen der Verwandtschaft, die Nachbarinnen und Freundinnen halfen, ohne daß groß organisiert oder angeordnet werden mußte, wer was zu tun hatte. Das lief wie geschmiert.

Jedesmal sind wir satt für drei Tage, halbtaub vom Lärm, erschöpft, aber vergnügt heimgefahren, nicht ohne zum Abschied noch ein Paket frischer *sobrassada,* der paprikaroten, würzigen Wurst, *butifarron,* der schwarzen Blutbratwurst, und eine Tüte Gebäck eingepackt bekommen zu haben.

*

Zu Beginn des November, zu Allerheiligen, wandern alle auf den Friedhof, der sonst immer abgeschlossen ist.

Die Friedhöfe auf Mallorca, *cementerios* genannt, sind schon deshalb ganz anders als in Deutschland, weil die Toten in den Nischen hoher Mauern beigesetzt und niemals in Erdgräbern bestattet werden.
Ich glaube, das hat weniger einen religiösen Grund als den, daß der Felsenboden keine tiefen Gräber erlaubt.
Am 1. November – Allerheiligen – bringen die Mallorquiner frische Blumen zu ihren Toten; die lebendigen Kinder aber werden seltsamerweise an diesem Tage mit Bonbonketten aus kandierten Früchten und Schokolade beschenkt, die süße Rosenkränze darstellen.
Im November ist auch Jagdzeit auf Mallorca. An vielen der großen, steinmauerbegrenzten Felder, Weiden und Wiesen stehen Schilder mit der Aufschrift *Coto de caza,* das heißt Privat-Jagdrevier. Dort versammeln sich, meist an den Sonntagen im Herbst und Winter, viele Männer und Burschen, um der internationalen Männerlust zu frönen und auf gefiederte und vierbeinige Lebewesen zu schießen. Da es auf der Insel nicht allzuviel zu schießen gibt außer Vögeln und Kaninchen, ist die Jagd ein beschränktes Vergnügen, neuerdings sogar noch beschränkter als früher, weil es eigentlich verboten ist, Singvögel zu erlegen.
Bleiben also die wilden Tauben, die Möwen, die – seltenen – Rebhühner und Fasane und vor allem

die Kaninchen, von denen es in den unwegsamen Waldgebieten zahllose gibt.
Sehr viele Wiedehopfe sind auf Mallorca zu sehen. Sie heißen auf Mallorquin *púpút* und werden nicht geschossen, weil ihr Fleisch so bitter schmeckt, daß jeder Jäger die Nase rümpft.
Manche Jäger haben Hunde dabei. Das sind helle, große, unerhört dürre und unglaublich schnelle Tiere mit schmalen Köpfen und spitzen Schnauzen, die meist in Rudeln kläffend durchs Gelände rasen. Sie sind Fremden gegenüber von einer geduckten Scheu, die auf – gelinde gesagt – robuste Behandlung schließen läßt. Es sind »Pharaonenhunde«, die von den Arabern mitgebracht worden sind und *Ibizencos* heißen. Ihre wertvollste Eigenschaft als Jagdhunde ist, daß sie ihre Beute nicht töten. Sie bringen die Kaninchen lebend.
Ich habe schon vom »Stellenwert« der Tiere auf Mallorca gesprochen. Wer hier oder überhaupt in einem der südeuropäischen Länder war und ein tierliebender Mensch ist, wird mit mir der Meinung sein, daß es schlimm ist, wie mit Tieren – vor allem mit Hunden und Katzen – da umgegangen wird.
Es gibt aber Ausnahmen. Eine davon – und noch dazu eine besonders frappierende – ist Francisco, besonders frappierend, weil der junge Mallorquiner Tierarzt ist. Ich bin zwar durchaus nicht sicher, daß zum Beruf des Tierarztes eine ausgeprägte Tierliebe gehört – denn ich kenne auch Veterinäre, die an

ihren Patienten vielleicht ein gewisses naturwissenschaftliches, vor allem aber ein pekuniäres Interesse haben.
Francisco jedoch liebt Tiere, und der folgende kleine Bericht soll es beweisen – ein Bericht über eine Begebenheit übrigens, die sich so, glaube ich, nur auf Mallorca abspielen kann.
An einem Abend fand mein Sohn, als er im Auto nach Palma wollte, einen kleinen Hund, einen Mischling, ein bißchen Dackel, ein bißchen Rehpinscher und sonst noch was, der, offenbar angefahren, nicht mehr laufen konnte und sich mit gelähmtem Hinterbein über die Straße schleppte, jede Minute in Lebensgefahr, denn die Straße war stark befahren.
Mein Sohn hielt, nahm den Hund mit, suchte einen Tierarzt und fand zunächst nur einen, der es verächtlich ablehnte, das Hundchen zu untersuchen und zu behandeln.
Als mein Sohn im nächsten Ort weiter fragte und suchte, wurde er in eine Bar neben der Kirche geschickt. Dort saß der junge Tierarzt Francisco im Kreise seiner Freunde beim Wein.
Er erhob sich sofort, ging mit zum Auto, befühlte den zitternden kleinen Hund, stellte fest, daß bei dem Tier offenbar nichts gebrochen war, holte aus seinem Auto seine Arzttasche und gab dem Hund eine Spritze. Geld nehme er nicht, hat er lachend gesagt und ist wieder zu seinem Wein gegangen.

Tatsächlich lief Nelli – so hatten wir die niedliche Hündin getauft –, tatsächlich lief also Nelli ein paar Tage später wieder, und wir waren sehr froh darüber. Aber am neunten Tag bemerkten wir, daß sie immer dicker wurde.

Natürlich konnte das an dem guten Futter liegen, das wir ihr verabreichten – doch nein, so dick ...?

Am zwölften Tag rief ich den Tierarzt Francisco an, der meinem Sohn seine Telefonnummer gegeben hatte, und bat ihn, sich den Hund noch mal anzusehen, der würde so seltsam dick und immer dicker.

»*No es nada sorprendente!*« – das ist kein Wunder! – verkündete Francisco, als er Nelli sah. »Euer Hund ist trächtig, sie wird bald Junge kriegen!«

Ich weiß nicht mehr, was ich darauf gesagt habe, ob ich spanisch oder deutsch geflucht oder geseufzt habe – denn wir hatten schon ein halbes Dutzend halbwilder Katzen, ebenfalls Findlinge, die wir allmorgendlich fütterten und die im Wald hinter dem Haus lebten. Vier oder fünf Wochen später kriegte Nelli ihre Jungen. Wir hatten ihr Wochenbett in unserem alten Wohnwagen eingerichtet. Es waren sechs, in Worten sechs!, eines war tot.

Francisco wurde alarmiert und kam. Ich bat ihn, den Mischlingsnachwuchs bis auf eines einzuschläfern, denn was, heiliger Strohsack, sollten wir hier mit insgesamt zwölf Tieren – sechs Hunden und sechs Katzen!?

Francisco hatte seine Tasche mit den Spritzen dabei und forderte uns auf, zu entscheiden, welches winzige Hündchen am Leben bleiben sollte.
Wir standen unter den vom Novemberwind geschüttelten Pinien, das Meer rauschte.
Francisco kletterte in den Wohnwagen, kam mit dem ersten Hundewinzling heraus, sagte, dies sei offenbar ein sehr schönes Tierchen, das würde er nicht gern töten.
Wir nickten stumm.
Er brachte das zweite, zeigte es uns und erklärte, dieses sei sichtlich intelligent, ob wir das denn getötet haben wollten, es wäre wirklich schade ...
»Nein!« sagten wir unisono.
Beim dritten verkündete Francisco, das sei das Kräftigste und am hübschesten gezeichnet, das würde er gern selbst nehmen, wenn wir es ihm geben wollten. Natürlich wollten wir.
Das vierte ... das fünfte ... bei jedem fand Francisco eine Besonderheit, die es eigentlich verbiete, das Tierchen einzuschläfern – also blieben alle fünf am Leben.
Und sie leben, soviel ich weiß, heute noch.
Nelli ist nun schon das vierte Jahr bei uns und wedelt den Tierarzt an, wenn er uns »privat« besucht oder kommt, um ein Exemplar unserer Menagerie zu behandeln.
Zu unserer Menagerie gehören, wie bereits erwähnt, sechs Katzen. Keine Angst, ich habe nicht

die Absicht, Katzengeschichten zu erzählen, denn die gibt's schon hundertfach. Aber unsere Katzen sind mit den Muschis und Minkas daheim schon deshalb nicht zu vergleichen, weil es keine Hauskatzen sind, sondern halbwilde Klein-Raubtiere, schöne Biester mit noch mehr Eigenleben und -willen, als Katzen ohnehin haben.

Sie lassen sich – bis auf Erwin, Zucker und Piccolina – nicht anfassen, womit ausgeschlossen ist, ihnen eine Zecke zu entfernen oder ihr von Harz verklebtes Fell zu säubern. Alle sechs haben Namen, vier sind wahrscheinlich Nachkommen des Chefkaters Erwin, der Erwin heißt, weil meine Frau meinte, so ein Dicker mit so einem dicken Kopf könne nur Erwin heißen.

Wir füttern sie allmorgendlich mit Dosenfutter in gekochtem Reis, vom Schlachter erbettelten Abfällen und Essensresten. Sie fressen so ziemlich alles, sie wissen genau, wann ihre Fütterungszeit ist, schreien, wenn sie mal warten müssen, und hauen sich um den Vortritt an den Näpfen – das heißt, Erwin wird extra in einer Extra-Ecke gefüttert und pflegt danach im Liegestuhl auf der Terrasse zu schlafen.

Alle reißen sie vor unseren Hunden aus, nur Erwin geht an den beiden Mischmasch-Kötern vorüber, ohne sie zu beachten – was die zwei respektieren.

Im großen und ganzen sind die sechs Katzen äußerst pflegeleichte Tiere – und sie haben uns von

Ratten und Mäusen befreit, die anfangs ums Haus huschten. Im Laufe der Zeit gehörten sie quasi – mit gebührendem Abstand – zur Familie, und wir sorgen dafür, daß sie auch in der Zeit gefüttert werden, wenn wir nicht da sind. Das macht dann meist eine Schweizerin aus der Nachbarschaft. Sebastiana, unsere Haushilfe, würde es sicher auch machen, aber sie würde es nicht recht einsehen und uns für leicht meschugge erklären, was sie – in bezug auf unsere Menagerie – sowieso tut.

Guillermo auf Terrasse

DEZEMBER

Mit dem November geht auf Mallorca normalerweise auch die Badezeit zu Ende, weil die gelegentlich, nicht regelmäßig, aber um diese Jahreszeit vorkommenden Stürme das Meer so aufwühlen, daß die Wassertemperatur rapide sinkt.
Ja, es gibt zwar immer wieder Tapfere, die noch im Dezember, und manche sogar den ganzen Winter hindurch, täglich schwimmen – zum Beispiel die Frau des Dänen, dem Guillermo die Treppe an der Steilküste hat bauen lassen – aber wir nicht!
Unser Sportsgeist und -ehrgeiz hört bei 19–17 °C Wassertemperatur schon deshalb auf, weil der Wind im November und Dezember so kalt sein kann, daß einen die Gänsehaut, wenn man aus dem Wasser kommt, daran hindert, das Hemd überzuziehen.

Da fällt mir ein und auf: Über den Wind auf Mallorca habe ich noch wenig gesagt – dabei ist die Insel ohne Wind nicht zu denken.
Auch darin gleicht sie den ostfriesischen Eilanden, nur, daß auf denen überwiegend kalter Nordwest bläst, während Mallorca von acht unterschiedlichen Winden umweht wird.
Das spürt man vor allem im Südosten der Insel, wo keine Barriere, wie die Gebirgskette im Norden, die Winde bremst und mildert.
Die acht Winde haben Namen, schönklingende Namen, wie zum Beispiel *Mitjorn* – so heißt der Südwind aus Afrika. Oder *Xaloc* (sprich schalock), so heißt der trockene, heiße Saharawind, der staubfeinen, rotgelben Wüstensand mitbringt und im Handumdrehen alles damit überpudert.
Ein frischgewaschenes weißes Auto wird nach einer halben Stunde *Xaloc* am besten gleich noch einmal gewaschen.
Im Dezember ist es allerdings meist ziemlich windstill, wie der letzte Monat des Jahres überhaupt ein stiller, oft sonniger Monat sein kann.
Wir haben schon Heiligabend auf unserer Terrasse am Meer gesessen, in Turnhose und T-Shirt, einen großen Strauß Bougainvillea neben einer Kerze auf dem Tisch, haben Melonen gegessen und »Leise rieselt der Schnee ...« gesungen. Natürlich »weihnachtet« es auch in den noch geöffneten Geschäften. Im Supermarkt, in dem auch die *Extranjeros*

kaufen, gibt es mallorquinisches Marzipan und importierten Pfefferkuchen.
Man kann Christbäume aus Kunststoff und mitunter auch kleine echte Tannen in Töpfen kaufen ...
Kurzum, auch hier klingeln die Glocken mit den Kassen um die Wette – auch hier wird Profit größer geschrieben als christfestliche Nächstenliebe.
Aber es ist nicht halb so schlimm wie in deutschen Gefilden, und es ist leicht möglich, dem Konsumrausch zu entrinnen, zumal die Mallorquiner selbst sich und ihre Kinder erst am Dreikönigstag beschenken, also knapp zwei Wochen später.
Ein Vorweihnachtsbesuch in Palma lohnt sich, weil die Altstadt im Lichterglanz sehr festlich strahlt.
Selbstverständlich finden in den Kirchen Messen statt.
Auch in unserem Dorf, in Alqueria Blanca (was, nebenbei, »weiße Siedlung« oder auch »weiße Meierei« heißt), spielt der Postbote Tomeo oder seine Tochter Maria in der Heiligen Nacht Orgel, und der Priester predigt auf mallorquin.
Aber in den Familien wird nicht gefeiert am 24. Dezember. Auch Silvester läuft hier ohne das mittel- und nordeuropäische Besäufnis und die Knallerei ab.
Kurzum, das Jahr klingt ruhig aus, es sei denn, der aus Osten kommende *Llevant* peitscht das Meer auf, oder *Tramontana,* der Nordwind, bringt Kälte und Regen.

Dann füttern wir unseren gußeisernen Ofen, der »Franklin« heißt, den ganzen Tag mit Mandel- oder Olivenholz und freuen uns auf die Sonne, die mit Sicherheit bald wieder scheinen wird ...

Wenn der Dezember windstill, sonnig und warm ist, macht sich am Monatsende etwas ziemlich Unangenehmes vor allem dort bemerkbar, wo – wie bei uns – viele Pinien stehen. Das ist ein wunder Punkt im sonst nahezu makellosen Paradies, eine Schattenseite, ein Übel – und sieht für Ahnungslose doch zuerst so harmlos aus.

In den Pinienzweigen wachsen in diesen Wochen grauweiße Nester – faustgroß bis kohlkopfgroß –, in denen die Raupen mit dem wohlklingenden Namen *Prozessionara,* zu deutsch »Prozessionsspinner«, leben und auf den Tag, die Stunde warten, da sie reif zum Schlüpfen sind. Dann ziehen sie in oft meterlangen Ketten – »Prozessionen« – aus und fressen alles Nadelholz kahl, das ihnen in den Weg kommt.

Die Biester sind aber nicht nur gemeingefährliche Forstschädlinge, zumal sie keine Feinde haben, denn kein Vogel rührt sie an, sondern sie sind Verbreiter bös juckender Hautausschläge und Augenerkrankungen, wenn man in ihre Nähe kommt.

Bis vor vier oder fünf Jahren flogen kleine Flugzeuge über die Pinienwälder Mallorcas und sprühten irgendein Gift gegen die Raupen. Das ist inzwischen untersagt, weil es auch nützliche Insekten und die Fischbrut vernichtet hat.

Jetzt kriechen die *orugas,* die Raupen, wieder, und wir kämpfen dagegen an, indem wir die Nester mit Spezialschneidern an langen Stangen aus den Pinien pflücken und sie verbrennen.

Dazu gehört neben einiger Kraft – denn die langen Stangen sind schwer zu handhaben – unbedingt Klettergeschick, weil die Dinger oft in den allerhöchsten Wipfeln hängen, die vom Boden aus nicht zu erreichen sind. Ich habe Antonio, dem jungen Mann unserer *Criada,* als ich die ersten Raupennester sah und zugeben mußte, daß ich für solche Tarzan-Übungen zu alt bin, ich habe ihm also leichtsinnigerweise für jedes abgeschnittene Nest hundert Peseten versprochen – nicht ahnend, daß er in jenem warmen Winter von Dezember bis Ende Februar mehr als siebzig pflücken würde, die auf unseren achtzig Pinien wucherten.

Teure Raupenplage, und ich habe trotzdem Hände und Unterarme ein paar Tage rotgesprenkelt gehabt, weil ich dummerweise beim Einsammeln der Gespinste keine dichten Handschuhe angezogen hatte.

Aber auch dieser Schönheitsfehler Mallorcas kann uns unsere Liebe zur Insel nicht verderben, zumal die Raupenplage kein ständig wiederkehrendes und auch ein unterschiedlich beschwerliches Manko ist.

Das Licht, die Luft, das Klima – und unser Leben hier – sind unvergleichlich schön ...

Selbst im Dezember und Januar entdecken wir immer neue Reize. Zum Beispiel hat der Touristenort, der uns am nächsten liegt, in den stillen Monaten einen ganz eigenen Charme. Die Boutiquen sind fast alle geschlossen, ihre Schaufenster verhängt oder zugestrichen, die Bars, Restaurants, Kneipen, Cafés bis auf zwei oder drei (von ca. siebzig) ebenfalls. In der Hauptstraße, die sonst abends von Menschen wimmelt, trifft man bestenfalls mal einen fröstelnden Rentner, der vielleicht ein Apartment am Ortsrand hat oder das Sommerhaus von Freunden hütet. Ein paar Handwerker arbeiten an einem Hauseingang, der Apotheker steht allein hinter seinem Ladentisch, vor dem Reisebüro und der Wechselstube stehen leere Mülltonnen, um die hungrige Katzen schleichen. So stelle ich mir eine Goldgräberstadt oder ein Ölcamp vor, wenn die Gold- oder Ölsucher das Weite gesucht haben.

Aber vor Weihnachten baumeln quer über der Hauptstraße Glühbirnensterne im Wind. Und Tonio hat seinen Zeitungsladen immer offen.

Und da steht man plötzlich, aus der Stille und Einsamkeit seines Quartiers unter den Pinien am Meer kommend, da steht man dann plötzlich zwischen den deutschen, englischen, französischen und spanischen Schlagzeilen der Zeitungen und weiß nicht immer, ob man erschrocken oder amüsiert sein soll – weil neun Zehntel von dem, was da

zu lesen ist, so weit weg und so unwichtig und so ... ja, so wertlos geworden ist, wenn man es aus der Entfernung sieht, so wertlos wie eine leere Zündholzschachtel oder ein linker Schuh, dessen rechter Partner löcherig geworden ist.
Mag sein, daß dies der Punkt ist, weshalb wir hier besser zu leben glauben: Neben Wasser, Wind und Sonne, noch fühlbarer Natur und echter Schlichtheit ist es die Möglichkeit, Werte wiederzufinden, die einem sonst allzu schnell verlorengehen.
Sela.

Markt-Kneipe in Santanyi

ANHANG

Es scheint mir müßig und hat sich manchmal auch als falsch erwiesen, in die Schilderung einer Landschaft und ihrer Menschen zu viele Hinweise, Empfehlungen und Anschriften von besonders attraktiven Sehenswürdigkeiten, von exzellenten Gaststätten, markanten Aussichtspunkten, historisch bedeutenden Gebäuden, Denkmälern und so weiter einzuflechten.

Müßig erscheint es mir deshalb, weil der Reisende sich das, je nach Interesse, in hundert einschlägigen »Führern« aussuchen kann oder weil viele ein ausgeprägtes Vergnügen daran finden, selbst auf Entdeckungsreise zu gehen und dann glücklich sind, wenn sie fündig werden.

Falsch sind solche Hinweise und Empfehlungen oft auch deshalb, weil das Empfohlene sich verändert.

Die pittoreske, einheimische Fischerkneipe am Hafen von XY hat unter Umständen in der Zwischenzeit den Besitzer gewechselt. Statt des gerühmten Schnauzbärtigen, der so wundervolle Fischsuppen zu kochen verstand, steht heute ein mickriger Kahlkopf in der Küche, der auch aus der frischesten Seezunge Schuhsohlen macht.

Trotzdem möchte ich Ihnen, falls Sie von meinem Mallorca-Bericht angeregt worden sind, dorthin zu fahren, ein paar Tips geben: Sie sollten sich, wie schon im Dezember-Kapitel erwähnt, einen Tag Ihres Inselaufenthalts für Palma reservieren. Das muß kein Museumsbesuchstag sein, obschon auch die Museen in Palma schön sind.
Gut, die Kathedrale sollten Sie sich ansehen – aber sonst bringt ein einfacher, zielloser Schlendergang über die Plätze, durch die Gassen und Gäßchen, Straßen und Sträßchen eine solche Fülle von faszinierenden Eindrücken, daß Sie lange davon zehren werden.
Ein wenig Vorsicht ist geboten, denn in Palma wird, wie übrigens auch anderswo – in Berlin, Prag, Paris und sogar in Pinneberg –, geklaut!
Es ist ratsam, auf seine Umhängetasche zu achten und die Tausendpesetenscheine sich nicht bündelweise in der Jackentasche abzeichnen zu lassen.
Parken Sie Ihr Auto, wenn Sie motorisiert ankommen, in der Tiefgarage unten vor der Kathedrale

und gehen Sie zu Fuß. Das ist bei der Auf-und-Ab-Straßenführung ein bißchen anstrengender, aber an jeder Ecke gibt's Cafés und Bars zum Ausruhen.
Sollten Sie im Winter auf Mallorca sein, besuchen Sie den Weihnachtsmarkt in Palma, der auf der Plaza Mayor ab Mitte Dezember an etwa drei Wochenenden stattfindet.
Das ist nicht nur der Lichter wegen, sondern auch als Kuriosität ein Erlebnis: Afrikaner, Krippenfiguren, Künstler mit Qualität und Kitsch, Obstberge, Süßigkeiten, Musik, Gerüche ... unbeschreiblich!
Über den Markt von Felanitx, der an Sonntagen stattfindet, und über die Wochentagsmärkte in Santanyi, Santa Maria und anderswo habe ich schon berichtet und davon geschwärmt.
Überhaupt die kleinen Städte im Inselinneren!
Ob Sie an gewöhnlichen Werktagen vormittags oder am späten Nachmittag nach Arta kommen, nach Petra, Sineu oder in sonst einen der Orte abseits des Tourismus, immer werden Sie überrascht sein, wieviel Ursprünglichkeit dort zu finden ist.

Daneben gibt es ein paar unbedingt sehenswerte Dinge.
Der Strand von Es Trenc mit den davorliegenden Salzfeldern von Ses Salines.
Die *Cuevas del Drach* in Porto Christo, mit unterirdisch-überirdischer Streichmusik auf dem See in

der farbig beleuchteten Tropfsteinhöhle – so kitschig, daß es schon wieder schön und ganz sicher sehenswert ist.
Und dann lohnt es sich, in einer der Restaurant-Bars am Markt in einer der kleinen Städte *Tapas* zu essen.
Und es lohnt sich, in einem mallorquinischen Restaurant *Paella* zu essen, mittags, wenn die Maurer und Zimmerleute sich dort zum Essen versammeln.
... Fragen Sie, wenn Sie unterwegs sind und frühstücken wollen, nach *Ensaimadas* und *Café con leche* (sprich: Letsche), und lassen Sie sich nicht davon irritieren, wie die Mallorquiner am Nebentisch das verzehren: mit Eintauchen und Sabbern und Kleckern ... das muß so sein.
Trinken Sie den Wein, der auf Mallorca wächst.
Es gibt vorzügliche Weine aus Algaida und auch aus Binisalem – und preiswert sind sie alle.
Vor allem aber: Suchen Sie! Es lohnt sich, auf Mallorca immer und überhaupt zu suchen!

Ich wünsche Ihnen ebenso schöne Entdeckungen und Begegnungen, wie wir sie hatten und noch immer haben!
»Hasta la vista!«